欧州統合の政治史

A Political History of Europan Integration

ＥＵ誕生の成功と苦悩

児玉昌己
Masami Kodama

欧州統合の政治史

——ＥＵ誕生の成功と苦悩

はじめに

世界遺産が数多くあるヨーロッパを旅すれば、EUのあの一二の星の青い旗が各都市に翻っているのに気づかれるだろう。ヨーロッパといえば、この旗をイメージする人も増えてきていることだろう。女性たちは、「パリコレ」などのファッション・ショーに、昔も今も変わらずに熱い視線を注いでいる。ビジネスマンは、EUが出す各種の法律や、ユーロや欧州中央銀行の動向を注視している。

時代は遡って一五世紀中期から一六世紀。「地理上の発見」とヨーロッパ人が呼び、価値中立的に「大航海の時代」と我々が呼ぶ時代がある。そのころ日本はヨーロッパと本格的に出会う。織田信長など戦国武将が割拠した一六世紀中期の戦国時代には、ヨーロッパは日本人を文武両面で強烈にとらえていた。「南蛮」（スペイン、ポルトガル）からの文物流入の象徴的事件である鉄砲伝来は、日本における技術革新を引き起こし、わずか三〇年後には、累計で万単位の火縄銃が、堺を始めとして生産されていたといわれる。

鎖国時代にあっても、「蘭学」を通してヨーロッパの文物はわが国に多大の刺激を与えた。幕藩体制の終焉と開国自体が西欧列強の強烈な圧力によるものであった。わが国が近代明治を形成する過程でも、「お雇い外国人」という言葉に象徴されるように、人文科学から物理・化学、そして国家の政体に至るまで、ヨーロッパは学ぶべき対象であった。

他方、そのヨーロッパは、一八世紀後半より「疾風怒濤《しっぷうどとう》」と呼ばれるにふさわしい、戦争、革命、反革命と、激動の時代を経てきた。二〇世紀に入ってからは第一次世界大戦における未曾有の戦禍で、「西洋の没落」（オスヴァルト・シュペングラー）を経験し、国際政治における影響力を決定的に後退させた。

第一次世界大戦後、ベルサイユ講和条約が形成した戦後秩序も、「強いられた平和」として、これを全面的に拒否するヒトラーの登場を招き、ファシズムの跋扈《ばっこ》を許した。両大戦で実に千万人単位での空前の人的、社会的損害を出した。この大惨禍を経て、その深刻な危機感と反省の上に立って、戦後驚く程のヨーロッパ統合が展開される。

戦間期には、日本人を母とするリヒャルト・クーデンホーフ＝カレルギーが、あるいは国際連盟に尽くしたアリスティード・ブリアンが活躍し、戦中期には、獄中でアルティエーロ・スピネッリらがヨーロッパ統合構想を温めた。第二次世界大戦後はジャン・モネやロベール・シューマンなど、「欧州統合の父」がヨーロッパ統合運動を開花させる。

このヨーロッパの復興と再生のための政治的努力は、一つの重要な課題をもっていた。ギリシャ、ローマという共通の文明と、キリスト教という宗教的基盤をもつヨーロッパにあって、しかもなお、国民さえ滅ぼしかねない国家の対立と紛争の根を断つにはどうすればいいのか、それが緊急に解決を迫られた命題であった。小国ひしめくヨーロッパで、共産主義のソ連や、同盟国ながら産業上の競争相手でもある米国に対抗するにはどうすればいいのか。時代が下っては、国際的な経済競争でどう生き残るのか、それがヨーロッパ人に提起された命題であった。失敗すれば、ジャック・ドロール（元欧州委員会委員長）のいう「歴史博物館」となりかねないという危機感もあった。

ヨーロッパの第二次世界大戦後の政治潮流を一語で表すとすれば、まさにこの「ヨーロッパ統合」ということになる。なによりヨーロッパという地域における戦争の防止と、平和の確立を目指したこの運動は、単なる理想主義的観念ではなく、具体的な目的と手段を持って展開した。あたかも一つの国家のごとく、ヒト、モノ、カネ、サービスが自由に移動できる政治経済空間の創設がそれであり、現在のＥＵとして結実していく。

ヨーロッパ統合の歴史は、経済学的には「規模の経済」と単一市場の獲得の歴史であり、政治学的にいえば、国家主権擁護派と連邦的統合組織をめざす勢力の確執であり、その相克の歴史である。相互依存が急激に進む国際社会にあって、ヨーロッパ統合が目指したものは、我が国で一部に誤って認識されているような、単なる自由貿易圏（ＦＴＡ）の形成ではない。単一の経済組織と単一の経済空間の形成のためであり、そこに至る過程では、張り巡らされた国家主権の壁が待ち受けていた。

国家主権との激しい格闘を経つつ、この運動は、いつの間にか加盟国二八、人口は五億一〇〇〇万人と、世界最大級の単一の経済圏として、あるいは政治空間として国際政治の重要なアクターとして存在を誇示するまでになっている。ただし、成功は苦悩を生む。ユーロ危機や反移民の動きもあるヨーロッパであり、成功したが故の悩みも、また大きい。

軍事力を背景とするアメリカ的なグローバリズムに対して、同じ資本主義の社会を形成しつつも、独自の価値観をもって進められるヨーロッパ統合運動。軍事力ではなく、地道な合意形成を踏みながら、地域の平和と繁栄に向かって進むその姿勢は、同じく敗戦と国土の荒廃を経験し、平和主義的生き方を国是としてきた我々日本人としても、大いに興味を喚起させられる。

本書では、特に第一次世界大戦以降に進められてきたヨーロッパ統合、とりわけその政治の部面に焦点を当ててみる。パリ条約やローマ条約、さらにはマーストリヒト条約やリスボン条約など、耳慣れないことと思われる多くの条約が登場する。国家の歴史は、国際条約に沿って書かれることはあまりない。だが、多数の国家からなるＥＵとヨーロッパ統合は、条約によって進む統合であるがゆえに、条約の知識を離れては、十分に理解も進まないのである。

現代ヨーロッパの政治指導者が平和の構築と経済発展と社会の繁栄のために、どのような制度設計を構想し、それを具現化してきたのか。どんな障害があったのか、如何に乗り越えたのか、獲得したものは何であったのか、そしていかなる課題を残しているのか、EUが進める国家の統合とは何かを、EU政治の為政者たちが実際に発し、歴史に残した言動を通してみていきたい。

もとより、ヨーロッパの戦後政治史は巨大なテーマであり、この小著で取りあげ得るのは、わずかな出来事にしか過ぎない。EUの基本条約の解説などは、時に退屈なテーマかもしれない。だが、国家を超え、旧来の主権国家の在り方までを変える新たな政治組織の構築をめざす思想と運動それ自体が、実にドラマに満ちた歴史なのである。本書が現代ヨーロッパ理解の一助となれば、幸いである。

なお、EUの名称・組織表記は厄介である。歴史的にその名称を変えて今日に至っている。たとえば、EUはいつからできたかと問われれば、厳密にはEU設立条約が発効した一九九三年からである。しかしEUの前身を含めていえば、パリ条約が調印され、欧州石炭鉄鋼共同体（ECSC）が出現する一九五一年からということもできる。それゆえ、個々に厳密な表記が必要な場合は、欧州石炭鉄鋼共同体（ECSC）、欧州経済共同体（EEC）、欧州共同体（EC）を使用し、時代を超えてヨーロッパ統合を体現する組織として表記する場合はEUを用いる。

また組織（機関）の名称・表記は、原則として本書では、各回の初出のものは日本語表記と英語の略語表記を併用し——欧州経済共同体（ＥＥＣ）などと表記——、初出以降は、英語の略語表記——ＥＥＣなどと表記——を使用する。日本語表記が一般的に用いられ、英語の略語表記が熟知されていないものは、日本語表記のみを使用する。

引用・参考文献は、本文中では著者名と書名を示した。訳者名、出版社名、刊行年など詳細については、巻末の引用・参考文献一覧に表示した。同一文献が頻出する場合は原則として、各回の初出に著者名・書名を記し、以降は前掲書（外国語の文献は *ibid.*）と表記した。

目次

第1章 ヨーロッパ統合の政治と現状

1　ＥＵ政治の対象領域

ＥＵの政治とは、いかなるものが対象となるのだろうか。その範囲はどのようなものだろうか。

一般にヨーロッパ統合とＥＵの政治といえば、以下の四つの局面がある。（一）国際統合組織ＥＵと加盟国や域外の諸国、国際機関との間の政治の局面、（二）ＥＵを巡る加盟国間の政治の局面、（三）ＥＵの機関間の政治の局面、そして（四）ＥＵの各機関内部の政治の局面というものである。

第一の加盟国とＥＵの関係でいえば、ドイツとＥＵ、フランスとＥＵ、イギリスとＥＵ、スウェーデンとＥＵというものである。現在二八の加盟国がある。それゆえ二八の加盟国とＥＵの関係と歴史がある。また米国、中国、ロシア、日本といったＥＵ域外の国家や国連、東南アジア諸国連合（ＡＳＥＡＮ／アセアン）など国際機関とＥＵとの関係もある。

第二のＥＵを巡る加盟国間の政治とは、たとえばリスボン条約制定を巡る加盟国間、つまり英、独、仏、伊やベネルクス三国、あるいはチェコやハンガリーという新規加盟国の入り・乱れての対立や妥協がそれである。

三番目のＥＵの機関間の関係とは、たとえば欧州議会と欧州委員会の間の関係である。欧州委員会が独占的に持つ域外との自由貿易協定（ＦＡＴ）の交渉権限だが、ＦＡＴ条約の承認にあたっては、欧州議会も承認権限を持つ。つまり欧州委員会と欧州議会の関係がでてくる。

四番目の機関内部での関係といえば、欧州委員会の内部組織、たとえば対外関係総局と予算総局の関係、あるいは、欧州議会内での欧州人民党や欧州社会党と極右政党の関係、ということである。

これら四つすべてが重なり合いつつ、同時進行的に歴史を刻んでいる。それゆえ、実にヨーロッパ統合の対象は空前絶後ともいうべき広大さである。

さて本章では、ＥＵを通したヨーロッパ統合の成果を（一）平和の獲得、（二）広大な市場と経済パワーの獲得、（三）ヨーロッパ統合を推進する組織という観点から見ていこう。

2　平和の獲得——非戦共同体のヨーロッパ規模での拡大

欧州の没落をもたらした第一次世界大戦が一九一八年に終結して九五年を超えたが、第二次世界大戦以降、ＥＵが獲得したものは、「非戦共同体」と形容すべき平和の空間の獲得である。

一〇〇年のタイムスパンでヨーロッパ統合の成果をみれば、すくなくともＥＵの加盟国間では、それまでヨーロッパに深い亀裂を刻んできた大規模な国家間の戦争から解放されたといえる。ヨーロッパの近現代史を血に染めた独仏の戦争はほぼ完全に除去されたといってよい。

ヨーロッパの歴史は、古代より、陸続きであることを理由として、国境をめぐる対立、抗争、つまり戦争の歴史であった。「最後の宗教戦争であり、かつ最初の国際戦争」といわれる三〇年戦争（一六一八～一六四八年）にまで遡るまでもなく、ドイツ帝国を出現させフランスを第三共和制へと導いた「普仏戦争」（一八七〇～一八七一年）、そして第一次・第二次世界大戦と、独仏間だけでもわずか七〇年余で三度にわたり戦い、ヨーロッパ大陸を血に染めてきたのである。現在はＥＵという広大な空間で、非戦共同体が実質的に確保されている。

たしかに冷戦構造の崩壊は、一方で血塗られた内戦へと発展し、チャウシェスクのルーマニアや、旧ユーゴ地域での深刻な内戦を誘発した。ウクライナのクリミア半島や同国東部でのロシアの侵出も緊張を高めている。また二〇〇一年の米国同時多発テロの九・一一事件や、いわゆるイスラム国（ＩＳ）に見られるイスラム原理主義にたつ過激派によるテロとの戦いなど、新たな国際的緊張の要素はある。とはいえ、ＥＵ二八カ国において非戦共同体が確保されていることの意義は大きく、改めて強調されるべきである。

ヨーロッパにおける非戦共同体の領域の人口は、一九五二年に欧州石炭鉄鋼共同体（ＥＣＳＣ）が設立されたときには、六カ国一億五五五〇万人であった。だが、一九七九年までにはＥＵ加盟国は九カ国、加盟国の人口は二億六〇〇〇万となり、二〇一五年一月現在、加盟国の人口は約五億一〇〇〇万人である。この空間は三〇カ国を超える規模を目指して動きつつある。ＥＵでは、単に非戦共同体というだけでなく、より積極的にＥＵの共同防衛にまで踏み出している。

ＥＵを通した共通の利益空間は年月を経て広がり、ヨーロッパと同義語となりつつある。反ＥＵ的雰囲気の強いイギリスのなかにあって、連邦主義的なヨーロッパを掲げるフェデラル・トラスト協会のジョン・ピンダーは、欧州統合を「総合推進派の願望であったが、それは現実になってきた」と書いている（John Pinder, *The European*

図 1　EU 加盟国（2015 年 3 月）

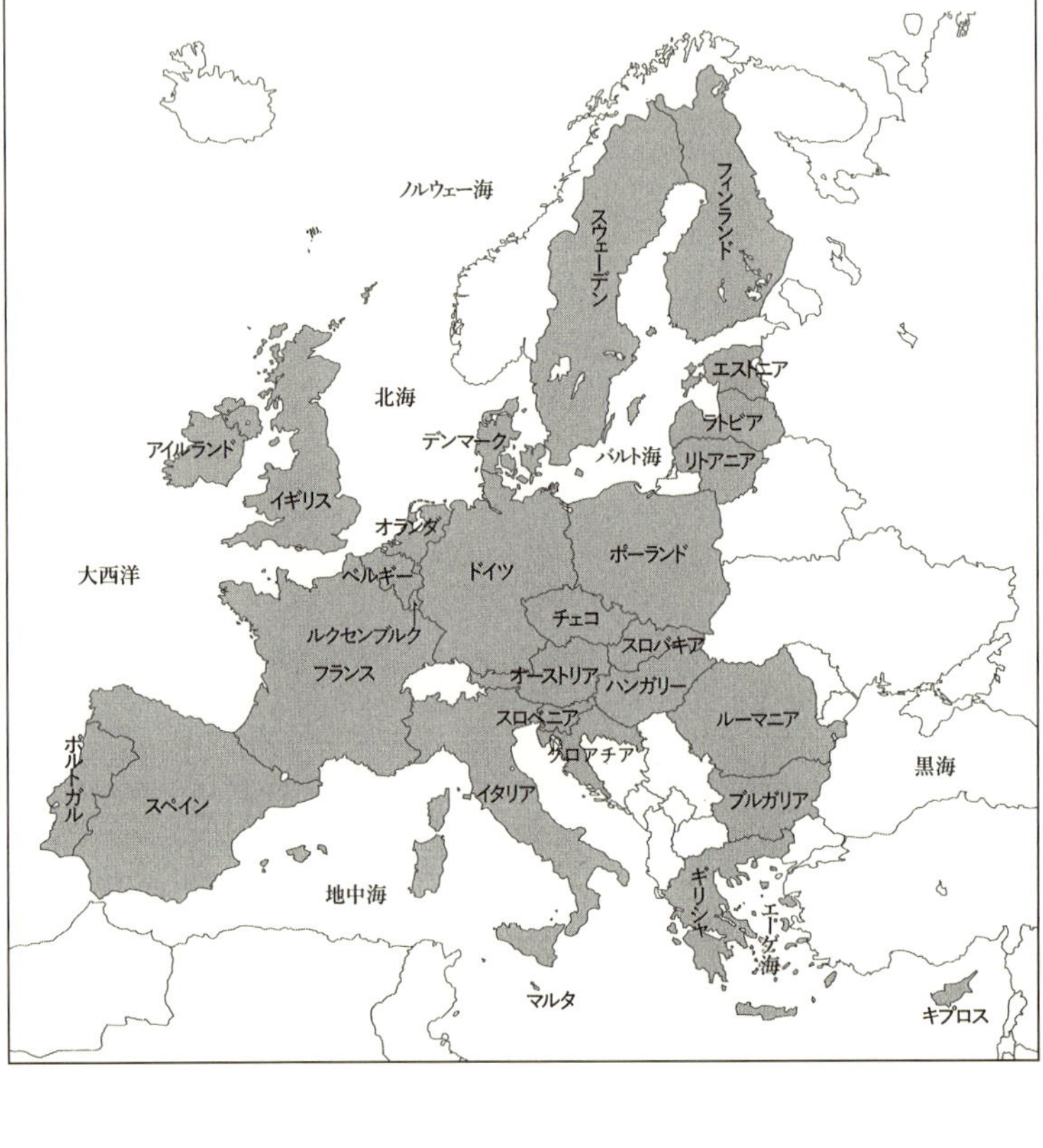

Union: A Very Short Introduction)。

二一世紀の現在、統合ヨーロッパの地理的範囲は、北はノルウェーを除くスカンジナビア半島から、バルト諸国、南はポルトガルとギリシャ、マルタ、東はルーマニア、ブルガリアに至るまでに広がった。EU加盟国の図1を見ていただこう。二〇一五年春の段階で、未加盟の国はノルウェー、トルコ、モルドバ、ベラルーシ、ウクライナ、ロシア連邦、スイス、およびバルカン半島の諸国などがあるが、バルカン諸国についていえば、すでにセルビアとマケドニアではEUの共通ビザ政策が実施され、二〇〇九年一二月からビザ免除リスト国となっている。アルバニア、ボスニア・ヘルツェゴビナに対しても、加盟を前提とした措置がとられつつある。

3　経済的パワーとしてのEU

——関税同盟とEU独自予算

EUの経済学には「規模の経済」という、一般には馴染みがないが、重要な用語がある。スケール・メリットといえば、分かりやすい。規模の大きさが「費用対効果」を生みだすことをいう。EUの成功は単に平和運動としてのものだけではない。企業団体や労働組合にも高く評価されたがゆえの成功である。そうでなければ、ここまで

表1　EU 加盟国および非 EU 主要国データ（2013 年）			
	人口	GDP（千億ドル）	1 人当たり GDP ドル
EU	511,434,812	158.5	34,500
ルクセンブルク	520,672	0.42	77,900
オランダ	16,877,351	6.99	43.300
オーストリア	8,223,062	3.61	42,600
アイルランド	4,832,765	1.90	41,300
スウェーデン	9,723,809	3.93	40,900
ドイツ	80,996,685	32.27	39,500
ベルギー	10,449,361	4.21	37,800
デンマーク	5,569,077	2.11	37,800
イギリス	63,742,977	23.87	37,300
フィンランド	5,268,799	1.95	35,900
フランス	66,259,012	22.76	35,700
スペイン	47,737,941	13.89	30,100
イタリア	61,680,122	18.05	29,600
マルタ	412,655	0.11	29,200
スロベニア	1,988,292	0.57	27,400
チェコ	10,627,448	2.85	26,300
スロバキア	5,443,583	0.57	24,700
キプロス	1,172,458	0.21	24,500
ギリシャ	10,775,557	2,67	23,600
ポルトガル	10,813,834	2,43	22,900
リトアニア	3,505,738	0.29	22,600
エストニア	1,257,921	0.29	22,400
ポーランド	38,346,279	8.14	21,100
ハンガリー	9,919,128	1.96	19,800
ラトビア	2,165,165	0.38	19,100
クロアチア	4,470,534	0.78	17,800
ブルガリア	6,924,716	1.04	14,400
ルーマニア	21,729,871	2.88	14,400
非 EU 国家			
米　国	318,892,103	167.2	52,800
日　本	127,103,388	47,2	37,100
トルコ	81,619,392	11,67	15,300
ウクライナ	44,291,413	3,37	7,400

（出所）米政府ワールド・ファクトブックオンライン版より。

成功することはなかったであろう。企業家には投資、生産、物流における広大な無関税の空間を提供し、他方、労働団体にも、社会的な権利をEU規模で広げている。ヨーロッパ統合の成功は、労使を含め、加盟国の関係者すべてが満足できる関係として機能した。それが故の成功である。

国際経済の局面でのEUの位相はどうだろうか。人口は約五億一〇〇〇万。EUのGDPは約一五兆八五〇〇億ドル。一九三の加盟国を擁する国際連合ではその一四％を占め、EU加盟国が三三カ国になれば、その比率で一七％となる。拒否権をもつ国連安保理には英仏両国を出している。

二〇〇二年にはヨーロッパ統合はそれまで経済学者が不可能であるといってきた単一通貨ユーロの発行、より正確にいえば、経済通貨同盟の第三段階入りも現実のものとした。二〇一五年にはリトアニアを加えて一九カ国で使用されている。ヨーロッパ統合とEUの意味は、まさに広大な地域に、非戦共同体を形成し、それにとどまらず、ヒト、モノ、カネが自由に移動できる単一市場の空間をほぼ達成しているということに尽きる。

ところで、EUはその中に関税同盟を形成している。関税同盟とは、自由貿易圏以上のレベルを意味する。関税同盟というのは簡単だが、地球上でかくも大規模な関税同盟を構築しているのは、EU以外にはない。関税同盟（Customs Union）と自由貿易圏（Free Trade Area）との相違は、極めて大きい。経済統合の発展段階は、自由貿易圏より関税同盟のほうが高い。

関税同盟では、構成国は独自の関税自主権を喪失しているだけでなく、ＥＵレベルで対外共通関税を設定している。すなわち、ＥＵ内に入ってくる輸入産品の関税については、ＥＵが理事会で決定してその権限を行使している。ＥＵ域内二八カ国の広大な経済空間に無関税の市場が広がっており、企業家にとっては、何より域内の他の加盟国に無関税で製品を流通させ販売することができる。

これは高度産業構造を有する国家にはメリットがある。他方、中小国では、逆にそれは脅威でもある。小国は、ＥＵの外にいれば可能となる関税障壁を設定できなくなる。つまり、外国の大手企業との競争の犠牲になりかねない。それゆえ、ＥＵの弱小の国家に対しては、ＥＵは域内の均衡のとれた発展ということで、所得の再配分メカニズムを持っている。

ＥＵ予算がそれである。特にその中でも地域基金などを通して打撃を受ける地域に対する経済支援措置を有している。農業政策もＥＵでは共通化されているが、農産品の価格保証の費用もＥＵ予算で賄われている。これに対して、国連などの国際組織は加盟国の分担金で賄われているが、ＥＵ予算は多く独自財源で賄われている。

ちなみに、「東南アジア諸国連合」と訳されるＡＳＥＡＮ《アセアン》（Association of South East Asian Nations）がある。ＡＳＥＡＮは一九六七年に設立されて五〇年余りを経ても、いまだに域内の関税の完全撤廃、つまり厳密には自由貿易圏（ＦＴＡ）さえ形成できていない。関税同盟の第二の基準である共通対外関税は望むべくもない。実際ＡＳＥＡＮは、国家間の Association という組織表記に表現されるような国家の「連合」組織であり、加盟国の主権的権限の大規模な譲渡（transfer）を前提とするＥＵのような、Union（同盟）ではない。ＡＳＥＡＮとＥＵの組織原理上の相違は第八章でも触れる。

さて、ＥＵの独自予算は超国家的といわれる。ＥＵ予算は、二〇一四年で総額一四二六億ユーロ（一八兆円弱程度）である。日本の国家予算が九六兆円前後であることを考えると、必ずしも大きな額ではない。だが、それでもＥＵ予算は、一九三の国家を網羅する国際連合の二〇一二年の通常予算（二五・七億ドル）とはケタ違いに大きいことが理解されねばならない。しかも独自の財源（固有財源）で調達される。関税収入やＶＡＴ（付加価値税。日本風には消費税）の一定額がＥＵ予算となる。また加盟国のＧＮＩ（国民総所得）の規模に応じて自動的に組み込まれるＧＮＩ財源もある。

ＥＵからの予算は中小規模の国家にとっては実に魅力的である。加盟を促進する理由は一つにはＥＵからの財政支援がある。たとえば、アイルランドは、一九七三年にイギリス、デンマークとともにＥＵ（当時ＥＥＣ）に加盟したが、その後加盟してくるポルトガルやギリシャとともに、域内最貧国で、ボトム三を形成していた。しかし、この国の社会インフラの良さも手伝い、「ケルトのトラ」として知られる急成長を遂げ二〇〇五年まではトップ三をうかがうまでに成長した。この発展はEU予算の貢献も大である。

4　EUの諸条約とマイクロソフトも縛るEU法の空間

一般に近代国家には、その国の憲法とそこで明示された議会、行政府、裁判所、中央銀行など国家の機関がある。EUはわずか六五年余りの歴史の中で、立法府としての理事会、欧州議会、行政府としての欧州委員会、そして欧州司法裁判所、欧州中央銀行などを整備した。あたかも国家のように。これは考えれば、驚くべきことである。EU専門家はEUの統治の形態を「ガバナンス」(governance)と形容する。だが、イギリスのEU政治の研究者ニール・ニュージェントは、直截的に「ガバメント」(政府)と表記している(Neill Nugent, *The Government and Politics of the European Union*)。すなわちEUには、国家にも似た法による統治が形成されていることを意味する。こうした法的存在としてのEUを形成して来たのが、EUの基本条約である。

EUは「法の構造体」という表現がなされる。EUは欧州石炭鉄鋼共同体(ECSC)に始まる基本条約とその改正を重ねながら、現在にいたっている。

条約改正の目的は、ヨーロッパ統合の進展に即応したもので、通商や農産物の価格決定から、最近では、外交、安保、防衛に至るまで幅広いものになる。条約改正は、あたかも生物がその成長に合わせて殻を脱皮し、新たな殻を獲得するのと同じように実施される。こうした各種の条約を通して、その内部の組織を整備し、所管する権限関係を明確にするのである。簡単に触れておきたい。

EUにおいては、条約を法源とし、加盟国から移譲された権限にもとづき、EU法と呼ばれる二次立法（派生法）を制定する。これは通常の加盟国の法とも国際機関の法である国際法とも異なる。ECSC創設時から石炭と鉄鋼という限られた部分ではあれ、EU法は確実に整備され充実していった。一九六〇年代から七〇年代には重要な判例が出され、EU法のEU加盟各国の国内法に対する優越性と加盟各国への直接適用の原則が確立した。こうしたEU法の蓄積については、フランス語で「アキ・コミュノテール」（acquis communautaire「共同体の獲得物」）といわれ、法令書は数万頁となっている。加盟国の大学の法学部は加盟国の憲法、刑法、民法、商法などの六法だけでなく、EU法を学ぶ。EU法の優位性や直接適用性が規定されているからである。

EU加盟国では法の統一的空間が確立しているがゆえに、EUで活動する企業や法人は、このEU法の適用を受ける。とりわけ、EUではEU競争法が極めて重要である。日本や米国といったEU域外のすべての国家のEU進出企業も、その活動ではE

U法との適合性が常に問われることになる。

たとえば、欧州委員会は二〇〇八年二月、ソフトウェア世界最大手の米マイクロソフト社が基本ソフトの技術情報を十分に公開しておらずEU競争法（独占禁止法）に違反するとして、八億九九〇〇万ユーロ（約一四四〇億円）の制裁金を命じた（『読売新聞』二〇〇八年二月二七日）。

競争法違反の容疑は半導体最大手の米インテルにも向けられた。違法なリベートを提供して、中央処理装置（CPU）市場で主要な競合企業を排除しているとの理由である。独占禁止法違反としては、過去最高の一〇億六〇〇〇万ユーロの巨額の制裁金支払いを命じた（AFP電、二〇〇九年五月一三日）。

「グローバリゼーション」という一種のアメリカナイゼーションの法の空間と、EUの法の空間の激突を示しており、EUの大きさと意味を考えさせる事例である。

5　EU政治の空間――EUの諸組織

欧州議会

EUにはEU固有の法、すなわちEU法があると指摘した。EUではその法はだれが制定するのか。通常の国家にあっては、立法は国会の機能である。EUでは閣僚理事会とともに欧州議会がそれを担う。所在地は、定例会議がフランスのストラスブールで、臨時会議がベルギーのブリュッセル、事務局はルクセンブルク、政党本部はブリュッセル。現在、ストラスブールは不便であり、欧州理事会の常設会議場を同地に置くのと交換で、議場もブリュッセルに一本化すべきという運動がある。

欧州議会は最初から議会として存在したわけではない。ECSCの時代は、「共同総会」（Common Assembly）と呼ばれていた。七八名の代議員が加盟国議会の議員が兼任する形で、スタートした。加盟国の増加とともに、議席数も増え、二〇〇九年の欧州議会選挙では七三六議席。二〇一四年の選挙時にはドイツが三議席減など定数の再配分を行い、七五一となった。発足時から約一〇倍近い規模に成長した。

議席数の設定は、立法権との関係で、極めてセンシティブな領域だが、EU最大の人口を誇るドイツ、そしてルクセンブルクを基準に配分されている。議員は加盟国ごとには着席していない。国家横断的に政党を形成して、そのイデオロギーによって着席し、議会活動を実践している。国家の議会とは異なり、国家と国家利益を行動準則としていないことを示し、これは特筆すべきである。欧州政党は一カ国では形成できない。これもEUが個別の国家利益のためにではなく、ヨーロッパ全体の利益にあるとする考えに立っている。後に触れるが、欧州政党を形成しない限り、政党交付金や発言時間などで不利な扱いを受ける。それゆえ皮肉にも、自民族の優位性を強調、他の民族や人種を差別する極右政党でさえも、野合的に欧州政党の形成を余儀なくされる。

二〇一五年二月現在、欧州政党（European Party）と欧州議会内院内会派（Political Group の略称）とその勢力は以下の通りである。欧州人民党（ＥＰＰ）二一九議席、欧州社会党（Ｓ＆Ｄ）一九一議席、欧州保守改革党（ＥＣＲ）七二議席、欧州自民党（ＡＬＤＥ）六八議席、欧州統一左翼・北欧緑左派党（ＧＵＥ／ＮＧＬ）五二議席、欧州緑の党（Greens／EFA）五〇議席、欧州自由民主主義（ＥＦＤＤ）四七議席、無所属五二議席。一、二、四位の欧州人民党、欧州社会党、欧州自民の欧州政党は、欧州議会創設時から長い歴史をもち、三党で、ヨーロッパ統合推進勢力として二〇〇九年まで七割強の議席を有していた。

ＥＵにおいて唯一、直接選挙される欧州議会は、加盟国の議会と同様に、ＥＵの理事会とともに、共同立法権者としてＥＵ法の制定にあたる。また欧州政治の問題全般を討議し、ＥＵの中での代議制民主主義を実践している。なお議会の議席配分は人口比で、選挙は比例代表制で行い、任期は五年。ただし国家の議会が当然にもつ立法発議権はない。それは、欧州委員会が独占的に持つ。しかし一九九三年にＥＵが創設されたときに、欧州委員会に対して立法発議請求権をえた。

主権国家の集まりである国際連合をもって『人類の議会』（Ｐ・ケネディ）を表題とする書がある。だが、その呼称は近代以降の議会の本旨を考えるとき、誤解を招く。

欧州地域に限定されるとはいえ、四億近くの有権者が直接選挙で代表者を送る欧州議会が、国際議会というにふさわしい。

欧州理事会と閣僚理事会

ＥＵで最も重要な意思決定機関は何であろうか。それは、ＥＵ加盟国の首脳会議でＥＵ二八カ国の大統領や首相が少なくとも年二回会合を持つ欧州理事会である。欧州理事会では、重要な問題や条約改正がかかわるときなどは、臨時の会議も開かれる。閣僚理事会は実務担当の閣僚が、ＥＵの扱うテーマに応じて、金融問題では金融担当閣僚が、漁業問題では漁業担当閣僚が集まり、会合を開く。必要に応じて、欧州議会とともにＥＵ法を制定する。あたかも国家の内閣の如く頻繁に会合し、互いにファーストネームで呼びあうほどである。理事会ビルはブリュッセルにあり、ユストウス・リプシウス・ビルと呼ばれている。

なお欧州理事会では、二〇〇九年発効のリスボン条約で常設議長のポストが新設された。一九七〇年代のころより、「ＥＵの顔」は誰か、誰に電話をすればいいのかと、ニクソン米大統領補佐官を務めたキッシンジャーが、「ＥＵの顔」の不明さを指摘した。このように外部からは容易には分かりづらいＥＵであったが、今や常設議長は欧州委員会の委員長とともにＥＵの顔である。

ベルギーの前首相ヘルマン・ファンロンパイが初代の常設議長となった。任期は二年半で再任可である。二〇一四年一二月にはポーランドの前首相ドナルド・トゥスク五七歳が二代目として就任した。

欧州委員会

欧州委員会はEUの行政府である。国家でいうと内閣とそれが所管する中央官庁ということになる。三三の総局と一二のサービス部局からなり、EUの行政を実践している。ブリュッセル市内のベルレモン・ビルを中心として市内各所にその建物がある。現在、ルクセンブルク首相経験者のジャン=クロード・ユンケル委員長のもとに、全加盟国から一名、合計二八名をもって構成されている。委員長と七名の副委員長を含め各委員がそれぞれ職務を分担している。農業、関税、予算などなど。国家でいう閣僚に相当する担当の各委員がそれで、その下に総局（directorate general）と部局が置かれている。これが加盟国の中央官庁と同様に、EUの中央官庁として機能している。

欧州委員会は二万三〇〇〇人規模のEU公務員（超国家的国際公務員）を国家と地域配分を考慮しつつ選抜し、EU行政の職務に専念させている。特に閣僚に当たる欧州委員は、加盟国政府からの指示を受けないという独立性の保持が要求されている。リスボン条約では「外交安保政策上級代表」が新設された。初代のポストにはイギリス出身のキャサリン・アシュトン女史がついた。現在はイタリア出身のモゲリーニ女史。ＥＵの外交上の顔であり、外相理事会の議長を務め、同時に欧州委員会の副委員長を務める。

欧州司法裁判所

ＥＵには、それぞれ機能を異にする裁判所、一般裁判所、専門裁判所から成る欧州司法裁判所がある。所在地はルクセンブルク。国際紛争の調停として一定の成果を収めてきたとはいえ、オランダ・ハーグの国際司法裁判所は、国家をベースとしており、係争事件の当事者の片方が提訴しても、相手国がこれを受け入れない限り、裁判は開かれない。また個人からの提訴は問題外である。これに対して、欧州司法裁判所は個人が提訴できる。ＥＵ条約の最終的解釈者、機関間の紛争処理などを目的とする。

欧州中央銀行

ＥＵの金融政策に関する排他的権限を行使する銀行が欧州中央銀行（ＥＣＢ）である。本部はドイツのフランクフルトにある。ユーロこそ、ヨーロッパ統合が生みだした重要な成果の一つである。ドイツ・マルク、フランス・フラン、ベルギー・フランなどは、二〇〇二年一月のユーロの現金流通開始に合わせて、回収が進められ、廃棄処分された。欧州中央銀行は、このユーロの供給量と金利の決定権限を持っている。ユーロ圏は確実に拡大しつつある。

EUの下部機関（Agency）

司法関係の機関としては、欧州警察機構（ユーロポール）、欧州検察機構（ユーロジュスト）もある。そのほか、エイジェンシー（Agency）と呼ばれるEUの下部機関がある。境界管理協力庁、欧州環境庁、欧州食料安全庁、欧州航空安全庁、欧州海事安全庁、欧州鉄道庁、欧州労働安全保健庁など、四〇を超える組織が機能している。これらはその名と機能が示すように、萌芽的な連邦的組織といえる。所在地は中小国にも広がり、バランスがとられている。

一九五二年のＥＣＳＣに始まるヨーロッパ統合は、わずか六五年余にして、広大な領域に非戦共同体を樹立し、加盟国の経済と産業領域のみならず、ＥＵ法を通して、軍事力を基礎とするアメリカ的価値とは違った、ヨーロッパ的な価値を維持し、「ソフトパワー」（ジョセフ・ナイ）として国際政治の大きな政治単位として、その存在を誇示している。

第2章

戦間期におけるヨーロッパ統合構想

——カレルギー、ブリアン、スピネッリ

1　三人の思想家・実践家

ヨーロッパ統合運動は長い歴史を持つ。ヨーロッパ統合の思想を中世から扱ったデレク・ヒーターの『ヨーロッパの統一の思想』(Derek Heater, *The Idea of European Unity*) という英書がある。ヒーターは、中世におけるヨーロッパ統合に関して、ヨーロッパというより、「キリスト教世界」(クリスチャンダム) として語られたと述べている。ヨーロッパが地続きであることから、ヨーロッパ地域の外との関係では、イスラム世界との確執、域内ではカトリックとプロテスタントの近親憎悪の抗争が絡みつつ、ヨーロッパ統合が構想されてきたことを繰り返し述べている。

一七世紀から一九世紀にかけヨーロッパ統合の先駆者として多数の政治家や思想家がヨーロッパ統合の思想を語った。「大計画」を構想したシュリー公や、「永久平和」を著したサン・ピエール、コンドルセ、コンスタン、サン・シモン、コント、プルードンなど、実に多くの思想家や哲学者がヨーロッパ統合を提唱し、後の世代の思想家に影響を与えていく。近代のヨーロッパ統合思想家については、前述のヒーターの書やジャン＝クロード・マスクレ『ヨーロッパの政治統合』がある。

だが、統合運動の必要性をヨーロッパ人に決定的に認識させるのは、二度にわたる世界大戦と、千万単位で出した一般市民の未曾有の人的損害と社会的損失であった。惨憺たる戦争と大損害を生みだした国家と国家主義にたいする強い不信こそが、ヨーロッパ統合を進める決定的な動因となる。それゆえ本書では、両世界大戦間期以降のヨーロッパ統合構想について稿を進めていくこととする。

特にこの章では、三人の人物を取り上げよう。いずれも第一次世界大戦末以降、欧州統合運動に関わり、欧州政治に功績を残した政治家と思想家である。後の章で触れるヨーロッパ統合の実践家ジャン・モネ、仏外相ロベール・シューマン、そしてドイツ首相コンラート・アデナウアーを加えて、彼らはいずれも二〇世紀のヨーロッパ統合を考える場合、重要な人物である。

一番目の人物はリヒャルト・クーデンホーフ＝カレルギー。彼は「パン・ヨーロッパ」(原音はパン・オイローパだが、通例に倣う)運動で、一九二〇年代に赫赫《かくかく》たる成果をもたらし、若くして時代の寵児となった貴族主義的思想家。第二の人物は、アリスティード・ブリアン。ブリアンは外相と首相を歴任したフランスの著名政治家。第一次世界大戦後の国際連盟で活躍する。第三の人物は、アルティエーロ・スピネッリ。一九〇七年生まれ、八六年死去。わが国ではまず無名といってよい。若くして共産党に入党し、左翼思想家にして、反ファシズム闘争の中で、長い投獄生活を体験しつつ、連邦的ヨーロッパ統合運動の指導者となり、戦後はEUの中枢に入り、欧州委員会の委員として、あるいは欧州議会の有力議員として名を馳せたイタリア人政治家である。

2　二つの世界大戦とヨーロッパの没落

三人の紹介をする前に、彼らヨーロッパ統合運動の指導者が生きた時代背景を捕捉しておこう。第一次世界大戦とその戦後処理としてのベルサイユ条約、ならびに戦後の国際秩序維持機関としての国際連盟の創設とその問題をみる必要がある。二つの世界大戦は、国民国家とナショナリズムがもつ危険性をそれまでとは比較にならないほどの規模で明らかにした時代でもあった。

二〇世紀の二度の世界大戦では、大量殺戮兵器も含めて、科学技術の進歩と相まって、それまで局地戦として限定された戦争を「前線」と「銃後」の違いもない「総力戦」へと変えてしまった。外部の敵からの保護を目的とし、正統性を得ていた国家は、一転、国民と国家自体の生存さえ脅かす最悪の状況をもたらしたのである。

国民さえ滅ぼしかねない国家主義をいかに抑制していくのかというのが、平和の確保という重大問題にたいする緊急の課題として政治思想家や政治指導者に提起された。

ヒーター（前出）は、第一次世界大戦について以下のように語っている。
「ヨーロッパにおける集団的な殺し合いは、それまでのいかなるものよりも過酷であった。世界大戦と呼ばれるが、何よりこの戦闘の起源とその残虐さは、まさにヨーロッパを中心にして行われた。（中略）第一次大戦では戦争に巻き込まれなかったのは、わずかに六カ国でしかなく、その人口は四〇〇〇万に過ぎなかった。他方、ヨーロッパに限定しても、交戦国では、その四分の三、つまり三〇〇〇万人の死傷者を出した。ヨーロッパ人の心に与えたショックは、三〇年戦争の衝撃に比肩すべきものであった」（Derek Heate, *ibid.*）。

第一次世界大戦が如何に悲惨なものであったかは、ドイツを除く英仏伊の三国では、さらに強力な現代兵器を持って戦われた第二次世界大戦よりも、非戦闘員も含めた死傷者の数が多かったことからも分かる。ちなみに、第一次世界大戦での軍と民間を合わせた死傷者数については、広く使われている教科書によれば、イタリアが二二〇万人（第二次世界大戦では七八万人。以下カッコ内の数字は第二次世界大戦のもの）、イギリスでは三一九万人（九八万人）、フランスが六一六万人（七五万人）と、被害は第二次世界大戦を凌いでいる。ドイツは、例外的に第一次世界大戦での人的被害のほうが少ないが、それでも七一四万人（一〇五〇万人）となっている。最大の被害を出した国はロシアで、九一五万人（二一一一万人）である。

また、第一次世界大戦で動員されたヨーロッパの兵士六〇〇〇万人のうち、八〇〇万人が死亡、七〇〇〇万人が生涯にわたる障害を残し、一四〇〇〇万人が重傷を負い、ドイツでは成人男子の一五・一%、オーストリア＝ハンガリーでは一七・一%、フランスでは一〇・五%を失った、という数字もある。

この戦争の結果、それまでの勢力均衡が崩れ、国家の大きな興廃が起き、ヨーロッパの地図は一変した。

戦争前と戦争後では、ドイツ帝国、ロシア帝国、オーストリア＝ハンガリー帝国、そしてオットマン（オスマン）帝国という、皇帝を国家の頂点に戴く四つの国家すべてで、帝国という政体が消滅した。しかも後の二つは、民族主義を受けて、帝国の版図を含め、国家そのものが小国家に解体され、地上から消滅したのである。

ヨーロッパの地図が示すように、戦前とは全く別のヨーロッパ世界が広がっていた。その衝撃をオスヴァルト・シュペングラーが『西洋の没落』（*Der Untergang des Abendlandes*）として書いたことは広く知られている。

敗戦国には、戦争犯罪という新たな国際法と過酷な賠償が待っていた。ドイツに対し向けられた戦時賠償は、一三二〇億マルクで、これはドイツの金もしくは外国為替資産の総額をはるかに超えるものであった。第一次世界大戦で、国際政治の構造は一変した。アメリカ合衆国の勃興は著しく、ヨーロッパの没落は決定的となった。またソビエト・ロシアが成立した。

合衆国の工業生産は、一九〇〇年から一九三八年にかけて、一六三%上昇したが、一九一三年には世界の工業製品のほぼ二分の一を生産していた西ヨーロッパ諸国では、四〇年後に、そのシェアは四分の一に低下し、北米に追い越されてしまったと、欧州と米国の経済力の逆転をアン・ダルトロップは書いている（『ヨーロッパ共同体の政治――国家を超える国家を求めて』より）。

第一次世界大戦後のベルサイユ条約は、独仏関係に限定していえば、以下の三点を目的としていた。第一はフランスの防衛に対する英米の保障、第二は非武装地帯の設定、第三はドイツの全面的かつ永続的な軍備撤廃である。

さらに、フランスはドイツに対する賠償取立てを強行し、ポアンカレ首相がルール占領を敢行した。ドイツで爆発した不満は、意図的な狂気のマルク増刷を生み、「インフレーションの最後の段階では、マルクは英貨ポンドに対して四三兆マルクにまでなった」とチャーチルは、フランスによる報復的で過酷な対独対応を「勝者の愚行」として、苦々しく回顧録で記している（ウィンストン・チャーチル『第二次世界大戦上』）。

この状況を危機的に見つつ、ヨーロッパ統合運動の緊急性を説く貴族出身の若者がいた。リヒャルト・クーデンホーフ＝カレルギーである。

3　リヒャルト・クーデンホーフ＝カレルギーと「パン・ヨーロッパ」

リヒャルト・クーデンホーフ＝カレルギー（Richard Nikolaus Graf von Coudenhove-Kalergi）は一八九四年、東京で生を得た。母青山ミツ、父はハインリッヒ・クーデンホーフ＝カレルギー。父はオーストリア＝ハンガリー帝国の外交官で、駐日代理公使。その着任は一八九二年（明治二五年）二月。一八六七年に帝国が成立して二五年目の来日であり、それから二六年を経た一九一八年一一月にはこの帝国は消滅する。

この章で登場する三名の中では、日本人にはクーデンホーフ＝カレルギーだけがわずかに有名であろう。ＮＨＫが一九七〇年代に彼の母、青山光子（戸籍名はミツ）に光を当て、吉永小百合が演じてこのファミリーは日本で知られることになる。六七年の生涯を終えるまで、ヨーロッパの古い家柄を誇る貴族に嫁ぎ、帰国することなく、ヨーロッパ現代史のなかで、波乱の人生を生きた。クーデンホーフ＝カレルギーと同時代の政治家を語れば、ヒトラーが一八八九年生まれで、五歳上。ムッソリーニは一八八三年生まれで、一一歳上である。両者ともヨーロッパにファシズムの嵐をおこ

リヒャルト・クーデンホーフ＝カレルギー
(1894 − 1972)

し、ヒトラーに至っては六〇〇万ものユダヤ人殺害を実行し、ドイツ国民さえも戦死者二八五万人、民間人死者二三〇万人という戦争の惨禍に引きずり込んだ指導者であった。

民族相互の尊重を説くクーデンホーフ＝カレルギーのパン・ヨーロッパ主義は、「アーリア人の血の優位性」というフィクションを説くナチズムと相反する思想であり、「反ナチ分子」として、ゲシュタポに追われることになる。クーデンホーフ＝カレルギーが世に出るのは、実に早い。デビューは一九二三年の『パン・ヨーロッパ』の出版を通してである。一躍、彼を欧州規模での有名人としたこの本は、正式な印刷部数は不明である。だが、彼の運動がどれほどインパクトを与えたかは、オーストリア＝ハンガリー帝国の崩壊後、共和国となった新生オーストリア政府が、パン・ヨーロッパ協会の事務局としてハプスブルクの旧王宮を提供したことからも、また一九二六年、第一回パン・ヨーロッパ会議が開催されたことからも窺える。

実に両大戦間期においてクーデンホーフ＝カレルギーの活躍は目覚ましいものがあった。彼はその功績で、第二次世界大戦後、第一回のシャルルマーニュ(カール大帝)賞を受賞した。ヨーロッパの平和に貢献した人に与えられる賞で、賞の由来であるシャルルマーニュとは、ヨーロッパに広範な版図をもち、秩序ある時代を治めたフランク王国の王であり、西ローマ皇帝としても在位し、

図2　クーデンホーフ＝カレルギーの構想

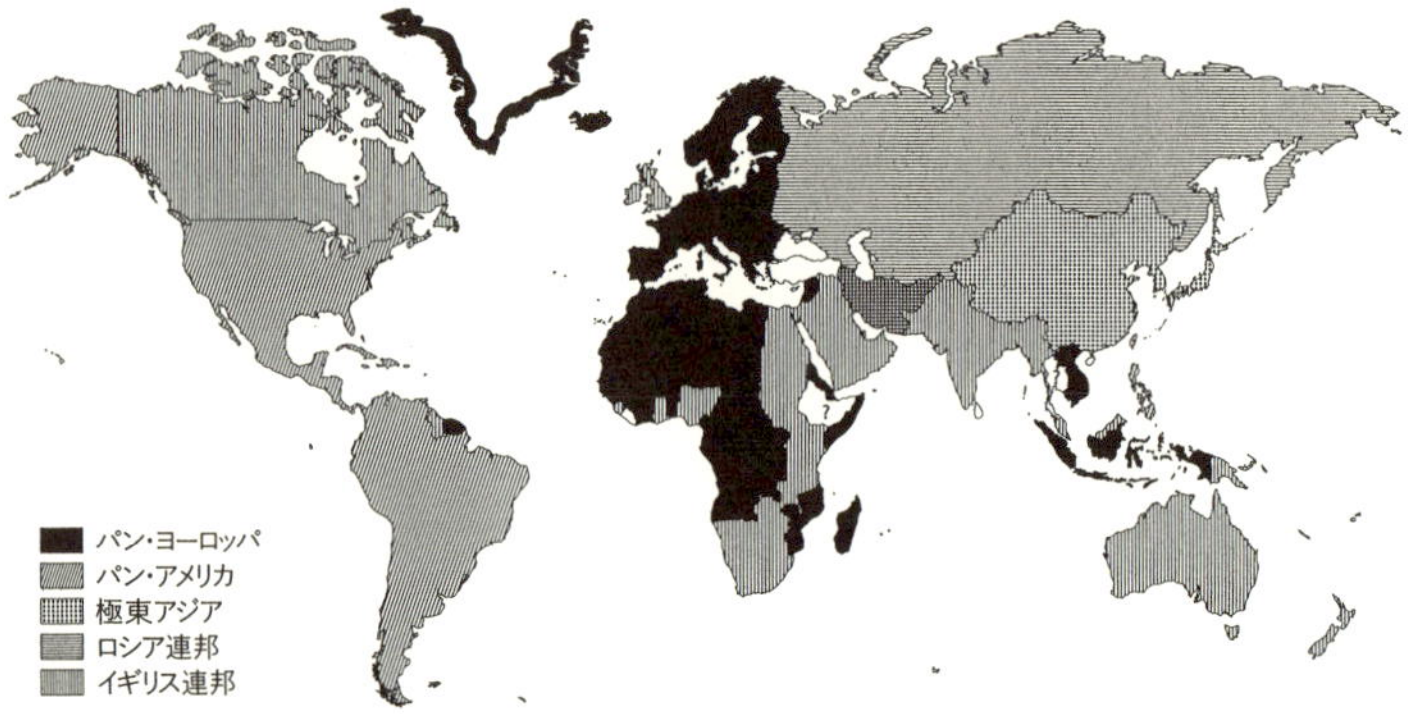

『パン・ヨーロッパ』（鹿島研究所出版会）所収の原図を基に作図

ビザンチン帝国も彼を承認した大帝（在位は七六八年〜八一四年）であった。

クーデンホーフ＝カレルギーの欧州統合思想は自著「ヨーロッパの青年に捧ぐ」と題した『パン・ヨーロッパ』に凝縮されている。この書は、ヨーロッパ統合運動の最高揚期の一九二七年（昭和二年）に、外交官永富守之助（後の鹿島守之助・鹿島建設会長）が訳出した。彼の序文も歴史の記録として貴重である。

九〇年余を経た二一世紀の現在読み返すと、第一次世界大戦でのヨーロッパの荒廃への危機感と、当時流行した地政学の影響を色濃く反映したものであることに気づく。

彼はいう。ヨーロッパの没落の原因は生物学的なものではなく、政治的要因にある。世界戦争はヨーロッパの政治地図を劇的に変えたが、その政治的制度はそのままである。階級相互間の衝突、およびヨーロッパ国家相互の競争は激化の一途である。他方、技術の進歩は著しく、「距離」の概念も様変わりし、鉄道通信手段の革命的向上で、国家間の距離は格段に接近している。つまり狭い国境で仕切られた国家の有用性は限界を迎えている。そして特に、米国、ソ連が、アジアでは日本が力を得ている。これに対し、ヨーロッパは政治経済的分裂状態であり、このままでは没落し、大国の餌食となる。

クーデンホーフ＝カレルギーは、以下の五つからなる地域でそれぞれまとまり、ヨーロッパと世界の平和を保つべきだという。それは、パン・ヨーロッパ、パン・アメリカ、北東アジア、ロシア連邦、イギリス連邦の五地域でまとまるという構想である。なお西欧列強の植民地であったアフリカは、イギリス連邦およびヨーロッパの領域になっている（図2参照）。

彼は、ヨーロッパは一つになる必然性を持っているが、最大の障害は、ドイツとフランスの対立にあり、双方が結束してヨーロッパ人となるか、共倒れするかしかない。ドイツが帝政から共和制に移行したことは、両国の結束にとっては得難い機会となっている、と言う。

また国際連盟は機能不全で、しかも政治的には人類の半分も包含していない。また自国の権力確保と利益のための国際組織であるとする。また権力なき権力機関で、不正義の法的機関であるともいう（『パン・ヨーロッパ』）。さらにドイツが国際連盟に加盟しておらず、むしろ将来的にはドイツは、同じく非加盟のロシアの陣営に向かうと予測した。実際、イタリアのジェノバ近郊の都市の名をとったラパッロ条約が締結、独ソの協力が始まっており、一九三九年には独ソ不可侵条約として、悪夢の独ソ連携は実現した。

そして彼はパン・ヨーロッパとその運動の利点として以下の三点を挙げた。(一)ヨーロッパ内部の戦争の防止、(二)世界戦争に対するヨーロッパの中立、(三)ロシアの侵略からの防衛、軍縮の可能性。

他方、パン・ヨーロッパが不首尾に終わった場合、最悪のシナリオとして、(一)再度のヨーロッパの戦争と荒廃、(二)非ヨーロッパ勢力によるヨーロッパ政治への介入、(三)ロシアによる侵略と地域の共産主義化、もしくは独裁政府の樹立、(四)軍拡によるヨーロッパ諸国の財政的疲弊、(五)産業競争力の低下とアングロ・サクソン産業への敗退を挙げた(『パン・ヨーロッパ』)。このように、実にリアルにヨーロッパが直面している問題を指摘していた。

特にクーデンホーフ＝カレルギーは、米国の単一市場の力を評価していた。パン・ヨーロッパにとり、危険でもあるが、期待でもある、とした。イギリスとの関係では、イギリスは別個の世界的規模をもつ勢力とみる。協力関係の必要性はあるが、パン・ヨーロッパの当面のメンバーではない。ロシアの将来は、まだ赤いロシア(共産主義の勝利とはみていない。白いロシア(反共ロシア)の可能性もあり、その場合、パン・スラブ主義の台頭も懸念されるとした。

ヨーロッパの危機的な状況分析の後、パン・ヨーロッパに至る道程で採るべき施策として、四段階を挙げている。第一段階では二六カ国の政府代表によるパン・ヨーロッパ会議の開催、第二段階では仲裁裁判所の創設とイギリスを除く安全保障条約体制の樹立、第三段階は、関税同盟、欧州防衛条約の締結。第四段階では連邦憲法の制定。このほか英語を共通言語とし、二院制の議会の設置、単一通貨の導入も提唱している。これらは戦後のヨーロッパ統合運動の中で実際的に実現されていく。なお彼は、ナチスに追われて米国に亡命する。これを扱った映画が、ハンフリー・ボガート、イングリッド・バーグマン主演の米映画「カサブランカ」(一九四二年公開)だといわれている。

4　アリスティード・ブリアンのヨーロッパ連邦構想

貴族的思想家クーデンホーフ＝カレルギーの次に、パン・ヨーロッパを高く評価しその名誉総裁に就任したフランスの著名政治家、アリスティード・ブリアン(Aristide Briand)に登場していただこう。

一九一八年、ドイツの潜水艦による無差別攻撃を機に参戦した米国のウィルソン大統領が構想したのが、国際連盟（League of Nations／フランス語では Société des Nations）である。ウィルソンが提唱した国際連盟への米国の参加は、米上院がこれを否決し、米国は後景に退く。第一次世界大戦後のヨーロッパと世界は、この国際連盟を軸にして平和維持を図ることになる。それがベルサイユ体制で、ブリアンは連合国という勝者の側からベルサイユ体制を支えた政治指導者である。

ブリアンはフランスの社会主義者で政治家、首相経験者。当時のフランスでは常態となっていた短命政権の中で、要職を重ねつつ、第一次世界大戦の前・中・後を通して、実に一一度の首相と一〇度の外相の座にあった人である。若くして労働組合活動に精力を注ぎ、フランス社会党の有力指導者の地位を揺るぎないものとした。

ブリアンの功績は多数あるが、特に独仏間に、スイスの小都市の名に由来するロカルノ条約を一九二五年に締結したことにある。特にロカルノ条約では、独仏の懸案であったラインラントの不可侵を定め、英、独、仏、伊、ベルギーの五カ国の集団安保体制を導入した。その功績でドイツ首相、グスタフ・シュトレーゼマン（条約調印時は外相）とともに、ノーベル平和賞を受賞した。

彼のヨーロッパ統合に関する役割をいえば、外交官で友人のアレクシ・レジェールの手を借りて、一九三〇年五月に国際連盟加盟のヨーロッパの二六カ国政府に向けて発した「欧州連邦同盟構想の覚書」（un Mémorandum sur l'organisation d'un régime d'Union fédérale européenne）である。それまで知識人の思想にとどまっていたヨー

アリスティード・ブリアン
(1862 – 1932)

ロッパ統合構想を、フランス政府の代表として、現実政治の場に提示したことにその意味があった。

彼のいう連邦的欧州同盟構想は、実際は、国家を基礎とした国家の連合(Association)であって、まさに「欧州連合」であった。それは、いかなる場合も、そしていかなる度合いにおいても、国家の主権的権限を損なうものであってはならないと論じた(Derek Heater, *ibid.*)。ブリアンは、平和への希求では、クーデンホーフ＝カレルギーと志を同じくしていた。だが、クーデンホーフ＝カレルギーが国際連盟をネガティブに捉えたのと違い、ブリアンはフランス政府代表として、国際連盟に重きを置いていた。

彼の構想では、ヨーロッパ共同体と共同市場などを打ち上げている。ただし、国際連盟の外にヨーロッパの集団を作るものではないこと、逆に国際連盟の統制と整合性とその精神の下にヨーロッパの利害を調和させるべきことを述べていた。また三つの機関を置くとしているが、それは国際連盟の総会、理事会、事務局に類似した三つの機関からなり、首都は同じく国際連盟の本部があるジュネーブとする。すなわち、国際連盟の枠を一歩も出るものではなかった(Gerard Unger, *Aristide Briand: le ferme conciliateur*)。この覚書は、中欧諸国には好意的に受け止められたが、イギリスは国家の経済主権が脅かされるとして懸念を示した。

ブリアンの構想は、「連邦」という覚書のタイトルとは異なり、徹頭徹尾、国家の連合組織としての「欧州連合」構想であった。ブリアンのヨーロッパ統合観について、「主権という卵を割ることなく、連邦的オムレツを作ること」(To make a federal omelette without breaking sovereign eggs)を求めたと、ヒーター教授は結論付けている(Derek Heater, *ibid.*)。ブリアンは、一九三二年にドイツでナチスが権力を掌握する前年に没し、その役割を終える。

5 アルティエーロ・スピネッリとベントテーネ宣言

貴族的思想家のカレルギー、実践的政治家ブリアンの二人を見てきたが、ヨーロッパの社会主義者はどのように行動したのだろうか。イタリアでは一九二六年にファシスト党の一党独裁が成立し、ドイツでは一九三三年、ヒトラーが政権をとり、ドイツ第三帝国が樹立されて、ヨーロッパはファシズムの脅威という酷寒の時代を迎える。ブリアンは既にこの世を去り、クーデンホーフ＝カレルギーは逮捕を逃れるために、スイス、ポルトガルを経て米国に亡命した。

アルティエーロ・スピネッリ
(1907 − 1986)

ヨーロッパ統合運動は過酷な状況におかれていたが、その中に、アルティエーロ・スピネッリ（Altiero Spinelli）もいた。彼は、イタリアにおいて、若くしてムッソリーニの権力に反対する反ファシズムの運動に傾倒した。イタリア共産党員となり、弱冠二〇歳で一九二七年六月、ミラノで逮捕され、一〇年の刑に服し、さらに六年間の隔離措置を取られ、合計一六年にわたり、官憲により身柄を拘束される生活を送った。

反ファシスト運動に関わった八〇〇余名の政治犯とともに、ナポリに近いガエタ湾東部二五カイリ沖のベントテーネ島の監獄にあって、そこで、盟友のエルネスト・ロッシとともに、欧州連邦構想を記した宣言文を書きあげる。宣言文は収監中に、紙の不足と極秘を理由に紙巻きたばこの紙片を使って書かれ、官憲の摘発を恐れ、アイロン箱の二重底に隠されていたという。

この宣言は、一九四一年六月までにまとめられ、自由と統一ヨーロッパのための宣言文として打ち出され、ファシズムへの抵抗運動の人々により密かに回覧され、一九四三年八月二七日〜二八日、ミラノで開催された欧州連邦主義者同盟（Unione Europea dei Federalisti）の共同綱領として採択され、後に数カ国の言語で翻訳・出版されることになる。「現代文明の危機」と題して始まるこの文書は、書かれた場所にちなみ、ベントテーネ宣言として今日知られている。英語版はフェデラル・トラストから訳出されている。

その内容は、現代ヨーロッパにあって、それまで力をもった自由主義、民主主義、社会主義では主権国家のおかれた状況に対して十分に機能しないこと、ヨーロッパ統合、とくに構成国が自立性を確保した連邦主義的国家で形成される単一ヨーロッパ、すなわちヨーロッパ合衆国こそが、労働者階級の解放につながり、国際秩序の真の安定に貢献できる、というものであった。

彼は共産主義に傾斜したという知的背景を窺わせるように、「ヨーロッパ革命」という言葉を使い、反ファシスト戦線は国家主義と対決することであり、知識階級と労働者階級を糾合した国際組織がその担い手となる、とした。

国際連盟については、クーデンホーフ＝カレルギーと同様、無用であり有害であるとする。国際連盟は、「加盟国の絶対的な主権を尊重することにより、自己の決定を強制できる軍事的能力もなしに、国際法を保証するかのようにふるまっている」と一刀両断する。しかも単一の国家では複雑な国境線と混在する民族の問題は解決できないとし、「欧州連邦」（la federazione europea）のみがこれを可能にするという。重要な帝政国家が消滅した後、連邦主義の諸国家の共和主義的憲法を基礎にした「ヨーロッパ合衆国」（Stati Uniti d'Europa）が求められるとしている。

ベントテーネ宣言は、その後のヨーロッパ統合運動において重要な指針として広く影響を与えた。一九四四年には「欧州レジスタンス運動のマニフェスト」が出された。これは、現代文明の危機という文明論的なベントテーネ宣言を、実践的にした文書である。

「連邦的ヨーロッパ同盟」(Federal Union) こそが、唯一、国際的な無政府状況を終わらせ、ドイツ人が他の国民への脅威となることを防ぐ手だてであり、多国間の複雑な国境から解放し、少数民族が民族主義の嫉妬の対象から解放されると述べている。極め付きは、国際連盟の失敗に鑑み、この連邦主義的ヨーロッパ同盟では、加盟国は防衛、対外関係、国際貿易および意思伝達について、国家が持つ主権的権限を放棄すべきとしていることである(Agustin José Menendez ed., *Altiero Spinelli: From Ventotene to the European Constitution*)。

スピネッリは、国家主義の危険にたいする認識ではクーデンホーフ゠カレルギーと一致していたが、富裕層が全体主義を支援したという事実から、労働者階級の解放の手段としてヨーロッパ統一をとらえていた点で、貴族主義的な背景をもつクーデンホーフ゠カレルギーとの相違をみる。

またより直截的に国家主権の放棄の上に立つ連邦ヨーロッパの機構を構想していた(Agustin José Menéndez ed., *ibid.*)。

スピネッリは、第二次世界大戦後、その政治的影響力を一気に開花させる。彼は欧州委員会委員に就任し、後には初の直接選挙で選出されて欧州議会議員となり、EUの民主主義の推進に尽力し、一九八六年五月、他界した。

イタリア外相ジュリオ・アンドレオッチは、スピネッリの死に際し、ヨーロッパの連邦的統合に果した彼の貢献を、カトリックの信仰の模範となる信者を聖人の地位にあげる「列聖」という言葉で追悼した。ここにそれを記しておこう。

「もし俗界に列聖手続きがあったなら、彼は間違いなくその検討過程に入っているだろう」(八十田博人「アルティエーロ・スピネッリ　欧州連邦主義運動の指導者」『日伊文化研究』二〇〇三年三月号)。

第3章

ヨーロッパ統合への礎

——欧州石炭鉄鋼共同体（ECSC）

1　チャーチルの「ヨーロッパ合衆国」演説と欧州審議会

「戦争を終わらせるための戦争」と形容された世界大戦であったがその教訓も活かせず、ベルサイユ体制下での「勝者の愚行」（ウィンストン・チャーチル）が繰り返された。「勝者の愚行」とは、普仏戦争で一八七一年一月に首都パリを占領したプロイセン王ヴィルヘルム一世が、意図して、屈服させた敵国フランスのベルサイユ宮殿で戴冠式を行い、ドイツ皇帝に即位することから始まっていた。

　第一次世界大戦の勝者による過酷な対独報復として繰り返された愚行は、「強いられた平和」の体制打破を目指すナチズムや、ファシズムの跳梁跋扈《ちょうりょうばっこ》を生み、ドイツによる侵略戦争や占領地支配を招き、敗戦国だけでなく戦勝国も惨憺《さんたん》たる状況を生んだ。ヨーロッパは栄光も権威も勢力も失い、主要都市は瓦礫《がれき》の下にあった。この中にあって、焦眉《しょうび》の急として求められたのは、それぞれの祖国の復興であり、異常な人種差別主義を前面に出した排他的民族主義の醜悪極まりないファシズムの総決算と、新たなヨーロッパの構築であった。

　イギリスでは戦争指導者として英雄であったウィンストン・チャーチルは、クレメント・アトリーの労働党に敗れ、首相の座を降り、スイスで静養していたが、一九四六年九月、請われてチューリヒ大学で有名なヨーロッパ合衆国に関する演説をした。その内容は、二度の世界戦争が、ドイツの野望によるものであったこと、ドイツが侵略戦争を再度起こす危険を排除すべきこと、ヨーロッパの再生の第一歩は仏独両国の和解であり、ヨーロッパ合衆国が望まれることを述べた。特に「ヨーロッパ合衆国をつくるのであれば、その呼称や形態はどうであっても、いますぐはじめなければならない」(ウィンストン・チャーチル『第二次世界大戦　下』)というものであった。

ソ連の脅威に対して敏感であったチャーチルによるチューリヒでの演説は、英連邦の存続を意識し、ヨーロッパ合衆国はイギリスを除外していた。その意味で、リヒャルト・クーデンホーフ＝カレルギーの考えに近いものであった。ヨーロッパではソ連の膨張主義的侵略主義が明白になり始め、チャーチルはその年の三月に、ソ連の危険性を指摘した有名な「鉄のカーテン」演説を米国ミズーリ州フルトンで行っていた。

第二次世界大戦後のヨーロッパの統合運動を語るとき、まず一九四九年五月に設立された欧州審議会(Council of Europe)に触れる必要がある。この審議会を生むハーグ会議には、一二名の元首相、六〇名の現職・元職の閣僚、二〇〇名の国会議員が含まれていた。実際、審議会結成は、フランス社会党のレオン・ブルム、イタリア首相でキリスト教民主党指導者アルシード・デ・ガスペリ、ベルギー外相ポール・アンリ・

スパークなどの有名な連邦主義者が名を連ねていた。しかしヨーロッパ連邦の第一歩となると考えて、それに期待していた連邦主義者には欧州審議会は強い失望となる。一九四九年五月にストラスブールに設立されたこの審議会は、意思決定では全会一致で、予定されていた議会は、単に加盟国の議会の代表であり、諮問的役割しか与えられなかった。イギリスとスカンジナビア諸国のヨーロッパ統合に対する距離を反映したものであった（アン・ダルトロップ、前掲書）。

ヨーロッパ統合をめざす運動は第二次世界大戦終結後、五年の歳月をかけて、一つの到達点に達する。ジャン・モネとロベール・シューマンの仏独の部門別統合を骨格とする欧州石炭鉄鋼共同体（ＥＣＳＣ）構想、すなわちシューマン宣言がそれであった。西ドイツの首相を務めたコンラート・アデナウアーは自身の回顧録で、シューマン・プランの意義として、自伝でわざわざ一項目を割き、書いている。「シューマン宣言は欧州統一の発端であった。私の目には、欧州石炭鉄鋼共同体条約の調印をもってヨーロッパ史に新しい一章が始まったと思われた」。さらに、「この条約で欧州六カ国が自発的にかつ何らの強制なくその主権の一部を上部機関に移譲することになれば、他の分野でも類似の過程が進むであろう。そうなれば欧州のガンというべきナショナリズムが壊滅的打撃を受けるであろう」（コンラート・アデナウアー『アデナウアー回顧録Ⅱ』）。

ＥＣＳＣの構築こそ、アデナウアーが正確に記述しているように、欧州の「ガン」

である国家主義を永遠に葬るべく、徹頭徹尾、狭隘《きょうあい》なナショナリズムの克服を目指す手段として、加盟国が持つ国家の主権的権限を上部機関に移譲することにより、ヨーロッパ連邦を形成する政治的企てであった。ちなみに「連邦主義」（フェデラリズム）とは、「権力の分散に関する政治哲学であり、民主主義と効率性が最大となるよう、統治に関わる種々のレベルと制度の間で、政治権力の分散を求める思想である」（フェデラル・トラスト）と定義される。

2　ジャン・モネとロベール・シューマン

さてジャン・モネとロベール・シューマンの二人が実現に邁進したＥＣＳＣは、いかなる組織であったのか。それを語る前にモネとシューマンについて簡単に書いておこう。彼らこそが、ヨーロッパ統合運動の最大の成果といわれるＥＣＳＣの生みの親だったのだから。

「欧州石炭鉄鋼共同体は現在までのところ、六カ国の議会が主権を委譲し、決定権を委任した唯一の欧州機関なのである」―ジャン・モネ―

モネの生い立ちと業績

存命なら、二〇一五年で一二五歳をはるかに超えるジャン・モネ・（Jean Monnet）だが、モネといえば、日本では「睡蓮」を描いた画家のクロード・モネがよく知られている。ジャン・モネの名は馴染みがない。だが、彼の名前は、年ごとに大きくなっている。「ヨーロッパの日」は、シューマン・プランが提示された五月九日と定められている。この日、ヨーロッパの指導者は、必ずモネとシューマンの名前に言及する。

モネは晩年、自身の『回想録』で生い立ちを語っている。以下、この書に依拠して語ってみよう。彼はコニャック商人の家に生まれた。祖父は成功したコニャック商人で、父の代には、一八三八年に設立された「コニャック・ぶどう酒醸造者協会」の会長をしており、会合は自宅で開かれるというほどに重きをなしていた。高等教育を受けることなく一六歳でコニャック商人として世に出て、程なくロンドンのシティ（金融街）で語学と実務の両方を学び、一八歳で米国で著名な企業ハドソンベイの会長と対等な取引を成功させている。

彼の人生のなかで特筆すべきことは、若くしてその才能を認められ、開花させたことである。その意味では、同じく二〇歳代でヨーロッパ統合運動に多大な足跡を残すクーデンホーフ＝カレルギーと似ている。世界大戦という国家の興亡にかかわる重大事が、平和な時代では到底考えられない事態を引き起こす。クーデンホーフ＝カレルギーもジャン・モネも、激動の時期、その実力でヨーロッパ政治の世界に頭角を現したのである。

　多数あるジャン・モネの驚嘆すべき事績の中でも、書いておくべきは、第一次世界大戦期のエピソードである。大戦の始まりと動員令をモネが知るのは、イギリスから故郷に戻る途中、ポワチエの駅においてである。開戦後、母国フランスは、瞬く間にドイツによって石油と鉄鋼の三分の二を失う。モネは、弱冠二〇歳代で政府の要路に働きかけ、故国にたいする危機感と平和構想を伝え、当時のフランス首相ルネ・ビビアニの知遇を得たのである。

　ジャン・モネはその卓抜なアイデアと行動力を政府首脳に評価され、大戦中で最も必要とされる兵站の分野で、対英関係を担う要職に就いた。これらの公務を通して、フランス政治の中枢にまでその名を記憶されることになる。

ジャン・モネ
(1888 − 1979)

　休戦協定が結ばれた時、ジャン・モネはわずか三〇歳でしかなかった。世界大戦後の平和構築として、国際連盟憲章が策定されつつあったが、彼自身はそれには関与していない。彼は国際連盟について不信感を抱いていた。彼は国際連盟が旧来の国境線の復活を許すと危惧し、現状の固定に腐心する組織と理解したが、彼はその有能さをみこまれ、国際連盟の事務局入りする。だが、国際連盟は国家間の協力を前提とし、意思決定も全会一致で、拒否権が維持されていた。この不平等なベルサイユ講和体制が結果的にファシズムを阻止できず、自然にその機能停止を迎えていく。

モネは、一九二二年秋に国際連盟事務次長職を離れる。クーデンホーフ＝カレルギーが『パン・ヨーロッパ』を執筆する時期だが、モネはしばらく政治を離れ、実業人として過ごす。しかしドイツにおけるヒトラーの台頭は、彼を公職に呼び戻すことになる。

ドイツは、一九一九年に調印されたベルサイユ条約下で軍事的な牙を抜かれていたが、一九二二年には早くもソ連とラパッロ条約を結び、密かに軍備を増強し、一九三七年までにはドイツ空軍ルフトバッフェを整備し、英仏の戦闘機よりも高速のメッサーシュミット一〇〇〇機を保有するまでに軍事力を充実させ、フランスの制空権を脅かすほどであった。

戦争が不可避となっていた一九三九年の夏にはフランス政府を代表して、ジャン・モネは、米国側とイギリス側の間に立って、航空機やエンジンなど軍事物資の大規模な調達業務では不可欠の人物となっていた。第一次世界大戦時と同様、必要な目標を定め、責任を持ってそれを遂行できる権限を持たせる「戦時共同執行委員会」がモネの方法であった。

フランスでは、ポール・レノーがダラディエ首相に、イギリスではウィンストン・チャーチルが後に「宥和主義」の汚名を着せられることになるチェンバレン首相にとって代わり、戦争を遂行することになる。そうした激動の中で、ジャン・モネは、ビジネスマンとしての経験に立ち、「バランスシートでの得失と目的達成」という彼独特の思考と行動で、職責を有能に果たし、第二次世界大戦後は、ヨーロッパ統合に貢献し、九一歳の長寿を全うした。何になりたいかではなく、何をしたいかを自己の主義とし、それゆえに他者との競争などの苦労はなかった、という哲学を実践した人生となった。

なお、モネは回想録でクーデンホーフ＝カレルギーについては一語も触れていない。モネは一八八八年一一月九日生まれで、カレルギーより六歳年上である。カレルギーが一九二〇年代にパン・ヨーロッパ運動でその名を轟かせている時、彼は国際連盟の高級官僚を務めた後、実業人に戻っていた。両者に確執があったのか、あるいは植民地を維持した統合を当然とする貴族主義的なカレルギーにたいして不満があったのか。あるいはモネが、独仏和解の政治過程の中で、カレルギーを理念主義的思想家と見ていたのか。ヨーロッパ統合の実務家、実践家としての自負の裏返しとしての無視であったのか、判然としない。

シューマンの生い立ちと事績

モネ同様に、シューマンという名は、わが国ではドイツの音楽家ロベルト・シューマンが有名だが、ロベール・シューマン（Robert Schuman）はジャン・モネとともにECSCの創設者としてヨーロッパ統合運動にその名を残している。一八八六年六月二九日、ルクセンブルクに生まれた。

シューマンについては、レイモン・ポワドバンによる浩瀚《こうかん》な仏語の伝記(Raymond Poidevin, Robert *Schuman: Homme d'État. 1886-1963*)が刊行されている。

父はルクセンブルク国境のフランスのロレーヌで生まれ、一八七一年のドイツ帝国成立によりロレーヌが併合され、ドイツ市民になっている。母は、ルクセンブルク人として生まれて、結婚してドイツ市民になる。仏独の戦争とルクセンブルクの政治変動で、国籍まで変更させられたのである。

ロベール・シューマン
(1886 – 1963)

ロベール・シューマンはジャン・モネより二歳上。ドイツ帝国支配下のルクセンブルクで国籍法の定めでドイツ人となる。ボン、ミュンヘンなどの大学で法学を学び、市会議員を経て政界入りする。

一九一九年には、第一次世界大戦でドイツがフランスに敗北したため、今度はアルザス・ロレーヌの市民としてフランス国籍を得る。その後国会議員に当選し、議会人として活動する。一九三九年九月の第二次世界大戦勃発の翌年、一九四〇年にはドイツについての専門的知識を評価され、ポール・レノーの戦時内閣に招かれる。一九四〇年六月のドイツによるフランス侵攻後、反ナチ抵抗運動指導者として逮捕され、ゲシュタポに過去の政治活動について尋問を受けるが脱走。母方の姓を模した偽名の身分証明でヴィシー政権の親ドイツの枠内で自治を許されていた「自由地域」に逃亡し、住居を転々とし、ラジオのBBC放送を聴きつつ、フランスの解放を待った(Raymond Poidevin, *ibid.*)。そして、一九四四年七月のフランス解放から三年で、フランスの首相の地位にまで上り詰める。

3　シューマン宣言

ともに六〇歳を超えるモネとシューマンだったが、彼らによる一九五〇年五月九日のシューマン宣言は、ヨーロッパ統合の第一歩を踏み出すフランス側からの画期的な宣言で、フランスが放った戦後ヨーロッパの構築に関する具体的案である。ちなみにドイツは敗戦五年を経ても、未だ占領状態にあり、この時期すべてにおいて受け身で、戦後秩序を構築する指導性を発揮していない。このシューマン宣言は大略、次のようなものであった。

フランスは平和のために行動する。このために、ヨーロッパは存在せねばならない。ドイツの無条件降伏後、今日までの五年間で最初のヨーロッパに関する決定的行動を成し遂げようとしている。ヨーロッパはここから生まれる。フランスは二〇年にわたって、平和と統一ヨーロッパを唱えてきたが、達成できず戦争となった。ヨーロッパ人は結集して年来の独仏の敵対関係を克服することを求めている。このため、限定的であれ、決定的な点でフランス政府は行動を起こすことを提案する。すなわち、石炭と鉄鋼の生産を単一の、ヨーロッパの他の諸国にも開かれた最高機関の下に置くことを提起する。石炭と鉄鋼生産の共同管理は、ヨーロッパ連邦のための最初の一歩として経済的発展の共通の基盤の創設を速やかに保障するであろう。石炭と鉄鋼における利害の統一と共同行動は、仏独間の戦争を現実的にも不可能にする。基幹産業の基礎を成す生産の共同管理により、そしてその決定は仏独およびその他の加盟国を拘束する最高機関が創設されることで、ヨーロッパ連邦に向かう最初の堅固な基礎を現実のものとするであろう（http://www.schuman.info/9 May 1950.htm 傍点児玉）。

シューマン宣言は、㈠統合ヨーロッパの誕生を記すこと、㈡独仏の戦争を過去のものとし、平和の組織を実現すること、㈢ヨーロッパを部門別とはいえ、超国家的共同体で統合ヨーロッパへと変えていくことを述べている。またこの宣言では、たとえばクーデンホーフ＝カレルギーの時代には植民地として想定されていた、アフリカなど新興国の発展にも寄与すると述べていた。

シューマンの名を冠した宣言だが、構想と案文は、モネとそのチームが成したことで「シューマン・モネ宣言」というべきものである。もとより、ドイツとの関係で政府の要人シューマンが外相として担当したがゆえに、現在この名をとっている。このシューマン言言について、ドイツ側のトップ、アデナウアー元首相は、以下のように回顧している。

「一九五一年四月一八日のシューマン・プラン協定調印をもって、近代の歴史は、石炭・鉄鋼という基本生産のため統一的な大経済圏を欧州に生み出すという初めての試みに成功したのであった」（『アデナウアー回顧録Ⅱ』）。

「シューマン・プランのもつより大きな意義は、超国家的性格のこの大事業に協力してゆけば、やがて我々の欧州生活を根こそぎ変革しかねないような信頼関係が生まれ出るであろうということにあった」（コンラート・アデナウアー、前掲書）。欧州の石炭の共同管理案は、クーデンホーフ＝カレルギーが一九二三年に著した『パン・ヨーロッパ』の中ですでに指摘され、その他の指導者にも言及されている。それゆえ独創的ということではない。だが、政府関係者が直接、政策的最重要課題として実践に乗り出したことが他のすべての提案と分かつものであった。

4　欧州石炭鉄鋼共同体の誕生とその超国家的性格

ヨーロッパ統合の第一歩を燦然《さんぜん》と記したECSCであるが、この条約の前文では、四つのことを規定している。（一）組織化されたヨーロッパが平和の貢献に不可欠であること、（二）血に染められた紛争で分断されたヨーロッパという過去の認識に立ち、（三）経済共同体を構築し、（四）それにより「共通の運命」としてのヨーロッパに方向性を与えるというものであった。ECSC条約は一九五一年四月一八日にパリで調印され、翌年七月二三日に発効する。ここで、その機能について敷衍《ふえん》しておこう。

ECSCは、その後のローマ条約で創設される欧州経済共同体（EEC）とそれ以降の本格的なEU統合の考え方のひな形となる。それゆえその構想の背景にある思想やそれを実現する各種の政策上の装置は、理解しておく必要がある。

何より指摘すべきは、六カ国のなかで「共同市場」という広大な無関税の空間を形成するという思想である。巨大市場の形成により市場規模を拡大し、企業の自由な競争を確保することで、生産性を引き上げる。ただし自由競争で打撃を受けるところには、構造改善の資金を配分するという仕組を持っていた。

ＥＣＳＣが超国家的といわれる所以はいくつかある。国家を超えて、関係企業に対し、課税権限を行使できたこともある。本来、課税権限は国家の主権的権限である。だが、その課税権限の一部がＥＣＳＣに譲渡され、課税権限まで保有していた。それにとどまらず、これを共同体運営の資金の一部とする、国際組織としては類例を見ない超国家的予算制度をその内に確保した。

ところで石炭と鉄鋼の分野が、戦後のヨーロッパ統合の対象として、なぜ共同体創設の対象となったのであろうか。「鉄は国家なり」といわれた如く、石炭と鉄鋼が国家の基本を成す産業部門だったからである。この戦略的に最も重要な部門での統合は、仏独の産業資源を共有化することで、戦争を完全に不可能とするという考え方に基づいた、徹頭徹尾、政治的な決断であった。ヨーロッパ統合の開始にあたって石炭と鉄が取り上げられたことの理由を常に記憶しておく必要がある。経済的要請の前に、なにより政治的配慮と決断があったことをである。ＥＣＳＣの実際については、その詳細を分析した東洋大学名誉教授の島田悦子『欧州石炭鉄鋼共同体――ＥＵ統合の原点』がある。

ＥＣＳＣ条約の制度面での特徴をいえば、最高機関、総会、閣僚理事会、裁判所などが設置されていることである。ちなみに機関を明記した条約で執行機関(最高機関)が冒頭に来るのは、これが最初で最後となる。これ以降は、欧州議会が常に最初に記載されることになる。

制度を解説すれば、「最高機関」（Haute Autorité/High Authority）に条文が一二カ条と多い。ルクセンブルクに本部を置き、執行機関として機能する。委員はドイツとフランスが各二名、イタリアとベネルクスで四名の合計八名。この八名が委員長を指名する仕組で、合計九名。任期は六年で、再任可であった。

この最高機関では、その役割について常にヨーロッパ統合の教科書で触れられる有名な部分がある。それはこの機関の任務についてであり、「加盟国は最高機関が有するその超国家的性格（caractère supranational）と両立しないいかなる行為もこれを行うことを控える」という第九条の一文である。後に欧州経済共同体（ＥＥＣ）条約では削除されるが、この条文は、ＥＣＳＣの行政府の超国家的性格を直截《ちょくせつ》に語っている。

その任務は、石炭と鉄鋼の生産と共同市場の監督など多岐にわたっていた。生産改善や近代化、同一の条件での製品の供給、共通対外輸出政策の発展、石炭・鉄鋼部門での労働条件の改善などを含み、最高機関は、自ら決定を行い、勧告や意見を関係者に出すこともできた。また彼らは、生産者、労働者、消費者、仲買の代表者からなる諮問委員会により補佐されていた。

後に欧州議会となる「共同総会」は七八人の議員定数をもっていた。機関を説明したこの項目に割かれた条文はわずかに六カ条で、「最高機関」の半分。任期は一年。最高機関の活動にたいし監督権限を行使するが、最高機関の委員が任期六年に対して一年であった。すなわち原理的にみて、総会が最高機関を監督するには不十分で、実に行政優位の制度というべき内容であった。立法機能などは論外のことであった。この点、後に欧州議会が、欧州委員会に対して行なう監督権限の質からみると、大きな差を見せている。ちなみに閣僚理事会は五カ条である。六つの加盟国の政府代表から成り、議長職は三カ月おきの輪番制であった。理事会の役割は、最高機関の活動や加盟国の経済政策を調整することにあった。行政優位の構造はモネ・メソッドというべきジャン・モネの思想が貫徹していると見るべきである。

一九五一年四月一八日のECSC条約の調印式は、フランス外務省の時計の間で開催された。フランス政府は、この式典で趣向を凝らした配慮をした。用紙はオランダ製、インクはドイツ製、そして印刷はフランス印刷局、製本はベルギー、しおりのひもはイタリア製、というものであった。各国代表はフランス語表記でのABC順に着席した。Allemagneとフランス語で表記されるドイツが最初に着席した（ジャン・モネ『ECメモワール——ジャン・モネの発想』）。

一九五二年九月九日のECSC第一回閣僚理事会では、アデナウアーが開会の挨拶をした。それは以下のようであった。

「この会議は、超国家、そして国家という二つの主権のクロスロードに位置している。加盟国の国家利益を保護しなければならない一方で、これを市場の任務としてはならない。市場の任務は共同体の利益を促進することにある。これなくして、共同体の発展は望めない」。

なおＥＣＳＣの対外的意味について、冷戦の産物であったとする者がいる。しかし、条約の調印以降は別として、この時点ではその見方は当たらない。フランスを代表する国際政治学者の故レイモン・アロンは、欧州防衛共同体（ＥＤＣ）を扱った書の中で、シューマン宣言について、「それが閣僚理事会に提起された時には、ソ連に対抗して位置づけたものでもなければ、冷戦の道具として意図されたものでもなかった」と明確に記している（Daniel Lerner and Raymond Aron eds., *France defeats EDC.*）。

ＥＣＳＣが誕生したのは、ドイツの敗戦で平和が戻った戦後わずか五年目のことであった。当時は戦争の記憶がまだ強烈に人を支配し、戦争を放棄するための平和の組織の構築という意識が強かった時代であったこと、この点で、米ソ冷戦の最前線に立って一九四七年三月にトルーマン・ドクトリンを発表して間断なく臨戦態勢を続ける米国とヨーロッパの間には、大きな戦争認識の相違があったことを忘れるべきではない。何より二つの世界大戦はアメリカ大陸ではなく、主にヨーロッパ大陸で戦われたということも含めて。

第4章

冷戦の激化とドイツ再軍備

――アデナウアー首相と欧州防衛共同体（ＥＤＣ）

1　敗戦後のドイツとソ連の脅威

米ソの軍事超大国は、ナチスという共通の敵を前に、いわゆる大同盟（グランド・アライアンス）を形成していた。連合国軍は、一九四四年六月六日に始まるオーバーロード作戦（ノルマンディ上陸作戦）――米映画「史上最大の作戦」（The Longest Day 一九六二年公開）はこの作戦を描いている――で、大陸反攻作戦を敢行し、以降形勢は逆転する。ちなみにパリは一九四四年八月二五日に解放。パリの破壊命令の実行を現地の司令官ディートリッヒ・フォン・コルティッツに問うヒトラーの言葉からそのタイトルが採られたルネ・クレマン監督の映画「パリは燃えているか」（米仏合作、一九六六年）はこのパリ解放劇を扱っている。

西部戦線では、一九四五年四月二五日、エルベ川のトルガウでこの米ソ両軍の指揮官の出会いがあり、感動的に「エルベの誓い」として記憶され、米ソの平和共存と平和の象徴となった。この後、ヒトラーは四月三〇日に自殺し、最終的にドイツ第三帝国は崩壊する。ヒトラーの地下壕での日々は二〇〇四年に映画化（原題：Der Untergang　英題：Downfall）された。

一九四五年五月にヨーロッパでの戦争が終わるや、米ソ関係は蜜月から対立に急速に悪化していく。ソ連は、帝政ロシア以来の伝統的な南下政策と緩衝地帯の形成に走る。これを資本主義体制への全般的挑戦とみる米国は「封じ込め」政策として知られる対ソ戦略を採用する。米ソの対立はすでに戦争末期から顕在化していたが、一九四八年六月を境に封鎖されたベルリンを舞台として、危機へと転化した。

ソ連は一九四九年八月二九日、セミパラチンスク核実験場で原爆実験に成功した。核兵器を背後にした米ソの対立は「冷戦」という言葉を歴史に刻みつつ、緊張緩和の「デタント」を経ながら、ソ連の消滅まで継続する。ちなみに冷戦とは「戦争でもなければ、平和でもない状況」を指す米国の著名ジャーナリスト、ウォルター・リップマンの言葉である。

他方、二度の世界大戦を経験したヨーロッパは、戦勝国も敗戦国も戦争に倦み疲れていた。

当時の欧州の政治指導者からみれば、ドイツの戦後処理を含めた仏独の和解を核とする将来構想は、ヨーロッパ統合の成否をかけた最重要課題であった。その第一幕がシューマン宣言に発する欧州石炭鉄鋼共同体（ＥＣＳＣ）の創設であった。第二幕は、欧州防衛共同体（ＥＤＣ）と欧州政治共同体（ＥＰＣ）構想とその挫折となる。

以下この二つの共同体構想に焦点を当て、錯綜したドイツ、フランス、イギリスなどの動きを見ていく。その前にこの章の主人公コンラート・アデナウアーの人となりをみておきたい。ECSCにおける主役がジャン・モネとロベール・シューマンであったが、この時期のヨーロッパ統合に向けた全政治過程におけるドイツ側の最高責任者はアデナウアーであった。

ドイツは、ナチスの第三帝国が北はノルウェー、フランス、ベルギー、オランダ、チェコスロバキア、ポーランドから、果てはスターリングラードまで進撃するというように、その版図をヨーロッパ全域に広げた。アデナウアーが政治の舞台に復帰するのは、ドイツの敗戦による混乱のなかであった。彼こそが、敗戦国ドイツにあって進行しつつあった冷戦の中で、近隣諸国のドイツ脅威論を抑え、国際舞台への復帰と西ドイツの復興の全過程に責任を負うことになる政治家であった。

2 西ドイツの宰相アデナウアー

コンラート・アデナウアー（Konrad Adenauer）は一八七六年一月五日生まれ。一九六七年四月一九日に九一歳の天寿を全うし、ドイツ政治に大きな足跡を残した。何より、彼は西ドイツ初代連邦首相を一九四九年から一九六三年にわたり担当し、戦後初期のヨーロッパ統合の組織形成に直接関与した人物であった。彼は自らの政治指

コンラート・アデナウアー
(1876 − 1967)

導について、八〇歳を過ぎて回顧録を執筆し、後世にその足跡の実際を残した。幸いにして、彼の回顧録は日本では佐瀬昌盛防衛大学校名誉教授によって翻訳されている(『アデナウアー回顧録Ⅰ・Ⅱ』)。

ヨーロッパ統合の直接の契機の一つであったナチスの勃興と跳梁《ちょうりょう》跋扈《ばっこ》は、一九一七年一〇月に勃発したロシア革命による全体主義国家・ソ連の誕生と同様に、近隣諸国の最大の脅威であった。だが、ナチスに弾圧されたのは外国だけでなく、国内の反ナチ勢力も同様であった。アデナウアーもナチスに逮捕・収監され、しかも変節せず、良心を貫いたドイツ人の一人であった。

長い政治家としてのキャリアを誇るアデナウアーは、まさにロシア革命の直前からナチスの政権掌握とほぼ同じ危機の時代をケルン市長として務めた。ちなみに、一九一七年に四一歳でケルン市長に就任したが、職を辞すのは、実にナチスの権力掌握の年、一九三三年である。

彼の反ナチ的政治姿勢は、一九三三年二月、ケルン市の空港に降り立ったヒトラー首相を迎えに出なかったエピソードもさることながら、二度もナチスにより逮捕されていることでも明らかである。一度はヒトラーの政権獲得の翌年の一九三四年。ナチス党内の反ヒトラー分子粛清事件の、いわゆる「長いナイフの夜の事件」に関連してである。二度目は、一九四四年七月のヒトラー暗殺未遂事件に関連して。すでに米軍がライン河岸に迫った同年九月にはゲシュタポ管轄の収容所に移送され、米軍到着時には射殺される可能性も残していた（Charles Williams, *Adenauer: The Father of New Germany*）。

アデナウアーは、この反ナチ的政治姿勢のゆえに米軍により評価され、占領軍協力者としての非ナチドイツ人指導者を名簿化した、いわゆる「ホワイト・リスト」のナンバー・ワンとして、ケルン市の責任者に登用され、政界に復帰する。一九四五年五月のドイツの降伏の時点で、アデナウアーは七〇歳を迎えようとしていた。

3　冷戦激化と米国によるドイツの再軍備要求

米ソ冷戦の激化は、戦後のドイツ再建にエネルギーを注ぐアデナウアーのドイツにとっては、再軍備、完全主権回復という二つの政治課題の実現の過程で起き、これはヨーロッパ統合と同時に進む。第二次世界大戦での無残な敗戦で米ソと英仏による四カ国による占領統治が始まったドイツであったが、ソ連は、東ドイツの支配権を強化し、ベルリンの壁の構築に向かった。ドイツは占領によって国家が分断統治を受け、しかも東ドイツ領にある首都ベルリンはさらに四カ国に分断占領されるという複雑な状況下に置かれた。この占領下で英米仏ソの四カ国の意向を受けつつ、アデナウアーの復興努力はなされる。

ところで、ドイツによるパリ侵攻を実見し、ドレスデンと並んで知られるコベントリーへの空爆、さらにはVロケット攻撃を受けたイギリスは、ドイツの抑え込みと対ソ防衛を意識した集団安保創設に向かう。一九四八年三月一七日、ドイツとイタリアを除いた集団安保体制を、フランス、ベネルクス三国とで構築する。後に西欧同盟（Western European Union：WEU）となるブリュッセル条約がこれである。ヨーロッパ統合に新たな時代を画すシューマン宣言が出される二年前のことであった。

この時期、分割下にある西ドイツは主権国家として国際社会には復帰していない。ドイツ（西独）の主権回復は一九五五年のことである。西ドイツとアデナウアーの最大の課題は、ドイツの東側半分を失い、なおかつ冷戦の激化で、ソ連と東ドイツの軍事的脅威に曝される状況をいかに乗り切るかであった。ソ連の膨張主義、ベルリン封鎖という米ソ両陣営の厳しい対立を抱えつつ、米国もまたヨーロッパの防衛問題の構築に苦慮する。米国内には、自国将兵の速やかな帰還を求める声もあった。また莫大な駐留経費もトルーマン政権を悩ませていた。地方、ドイツは未だ占領軍の軍政下にあり、戦争の記憶も生々しく、フランスなどの周辺国家にとって防衛組織へのドイツの参加は問題外であった。

この状況下で、イギリスは米国とともに大西洋同盟を構築し、対ソ防衛に備えた。

一九四九年四月四日、北大西洋条約が締結され、イギリス、ベルギー、フランスなどの西ヨーロッパ諸国が加盟した。この大西洋同盟の目的は、奇しくも初代事務総長で英国人のイスメイ卿（Hasting Ismay）が語ったように「アメリカを引き込み、ロシアを締め出し、ドイツを抑え込む（Keep the Americans in, the Russians out, and the Germans down）」ことであった。

戦争終結直後にあっては、米国の対ドイツ占領政策の指針は「モーゲンソー・プラン」として知られる徹底した非ナチ化政策の推進であった。米財務長官の名を冠したこのモーゲンソー・プランは、ドイツの南北分割、重工業の破壊と解体、ザールのフランスへの割譲とルールの国際管理、上シレジアのポーランドへの割譲など、徹底したドイツ解体をねらった計画であり、戦時中に作成されたものであった。この結果、ドイツ国防軍のみならず、主要産業施設は解体され、国境警備を除き、武装解除され、米ソ英仏の四カ国がドイツ占領地域の治安に責任を負っていた。この後、欧州防衛共同体（ＥＤＣ）として提起される西ヨーロッパでの軍事組織の創設構想は、高まるソ連の膨張主義を背景にしつつ、米国の対ソ戦略におけるドイツの役割の重要性に対する認識と、ドイツの主権回復と再軍備に対して未だ存在するフランスの強い警戒感を中心にしながら、その政治過程が進むことになる。

4　EDCを導くプレヴァン・プラン

アデナウアーは自身の回顧録IIの第一五章の冒頭で、自国の再軍備問題について、「一九四九年一一月突如としてドイツ再軍備問題が話題となった」と、意外性をもって明記している（傍点児玉）。

ドイツが主権回復し、西側の陣営としてヨーロッパで再び重要な位置を占めるのは、アデナウアーが「突如として」（plötzlich）再軍備要請があったと書いた五年半も後のことで、パリ協定が発効する一九五五年五月のことであった。

この間、ドイツを取り巻く国際情勢の変化は実に激しかった。ドイツ再軍備を切望し、西ヨーロッパに要求する米国の姿勢の変化は、対ナチ共同戦線のために「大同盟」を形成した大戦期の米ソ蜜月の国際政治状況の完全な終焉と、核戦争の危険を孕《はら》んだ新たな時代の到来を示していた。ソ連は一九四九年八月には原爆を手中にした。ちなみにイギリスは一九五二年一〇月に、フランスも一九六〇年二月に核実験に着手した。

フランスにとってはドイツの再軍備はいまだ論外であったが、その後、ルネ・プレヴァン仏首相が一九五〇年一〇月にはドイツ兵団を含むＥＤＣの建設を核とするいわゆる「プレヴァン・プラン」を提示し、ほどなく国民議会もこれを承認し、アデナウアーを驚かせた。

戦争が終結してわずかに五年。フランスは対独不信が強く残り、そしてドイツ国内には、厭戦気分が充満していた。さらにアデナウアーの政敵の社会民主党は、ドイツ再軍備が東西ドイツの再統合を不可能にすると考えていた。実際、労働組合などは、再軍備に強い拒否反応を示した。米国からの再軍備要請は、当時の西ドイツにあっては、朝野において、未だ受け入れがたいものであった。だが、国際情勢は緊迫し、単にドイツの再軍備のみならず、ＥＤＣから果ては、欧州政治共同体（ＥＰＣ）さえ生みだそうとするに至る。そしてこの緊張は、シューマン言言からわずか一カ月後の一九五〇年六月にピークに達する。三八度線を越えて、ソ連の支援を受けた北朝鮮が南侵を始め、韓国領内に攻め入った。朝鮮戦争の勃発である。

遥か彼方の朝鮮半島での冷戦の熱戦への転化は、多くのヨーロッパ人指導者に対して、ドイツを含めたヨーロッパの防衛構想を切実な課題として突き付けた。実際、モネもアデナウアーも軍事的に一体化したヨーロッパの緊急の必要性をそれぞれ書き留めている。

ドイツの状況は朝鮮半島と似ており、ドイツの半分は共産主義の独裁下に置かれ、ソ連占領地区では、強大なソ連軍が駐留し、人民警察も軍事訓練を受けていた。大西洋同盟の軍事的能力は通常兵器の面と同じく、兵員の面でもソ連に対して劣勢であり、この最前線を強化するために、アメリカがなによりドイツの再軍備を必要としたのである。こうした関係各国の思惑を秘めながら、ヨーロッパの統一軍を創設する政治的な動きが加速する。それがプレヴァン・プランであった。

フランスの首相の名を冠したこの軍事計画案は、フランスがドイツの再軍備に反対する限り、米国は欧州防衛から手を引くという強い圧力に直面し、ドイツ再軍備を最も懸念するフランスの意向も最大限とり込む形で、小規模な部隊の統合という形で、提起された。フランス政府をして、ＥＤＣに向かわせたのは、米国の圧力もさることながら、一〇年前にはパリをも占領したドイツによる侵略の過去に拘泥できないほど、ソ連と東欧の軍事的脅威が大きかったことを、逆に物語るものであった。

実際、ソ連はヨーロッパとアジアでの勢力範囲を着々と広げていた。一九四〇年代に入ると、エストニア、ラトビア、リトアニアのバルト三国が、そして、アルバニア、ユーゴスラビア、ルーマニア、チェコスロバキア、さらには、朝鮮民主主義人民共和国、モンゴルなど、次々とソ連の勢力下に入った。西ドイツ防衛はすこぶる脆弱で、三六時間以内にボンを攻略できると米国や連合国の軍事関係者は見ていた。ソ連の傀《かい》儡《らい》政権であった東ドイツのウルブリヒトは、西ドイツ解放を口にしていた。

ところでこの時期ヨーロッパ統合運動は、ＥＣＳＣを創設したのみならず、ＥＤＣ条約を調印し、軍事まで含め国家の主権的権限のもっとも重要な部分を国際組織に移譲し、それをもってヨーロッパを一体としてソ連の脅威に立ち向かわせるという、驚くほどに超国家主義的、すなわち連邦主義的な動きを見せた。実際、一九五〇年のこの時期のヨーロッパを二一世紀の現在に立って振り返ると、主権国家の最後の砦というべき軍事主権をも国際組織に譲渡する意思を内含しており、驚くほどの大胆さである。

5　ECSCとEDCを包摂するEPC構想の挫折

戦後初期のヨーロッパ統合運動の頂点を成すというべき、欧州防衛共同体（EDC）形成の動きについてさらに語ろう。元来EDCは、プレヴァン首相によってフランス政府声明として一九五〇年一〇月二四日に提示された案に発している。それは単に机上の空論ではなく、条約草案として提示され、ECSC創設と同時進行で進み、ECSC条約発効の二カ月前の一九五二年五月にEDC条約に六カ国政府は調印してさえいた。

EDCは、米国側のドイツの再軍備要請と、ドイツの北大西洋条約機構（NATO）加盟にたいする願望への対応として、フランスが出した「妥協策」（イーデン英首相）の産物であり、ＮＡＴＯと連携しつつも、米国を除く、西ヨーロッパ諸国による集団安保構想であった。その構想の基本は、米国からの圧力を別にすれば、ヨーロッパの制度の中にドイツの兵団を組み込むことによって、ドイツの軍事的な暴走は避けられるという思惑に発していた。プレヴァン・プランは、占領下のフランス代表であるフランソワ＝ポンセ高等弁務官を通してアデナウアーに伝えられた。これについて、アデナウアーは以下のように回顧録で記している。

「プレヴァン・プランではドイツに対するいかなる差別待遇もありえず、ドイツが他のすべての加盟国と完全に平等であることを特に説明していた。私は大きな満足をもってこの報告を諒承した」（『アデナウアー回顧録Ⅱ』）。戦後ドイツが、他国と対等なものとして国際社会に復帰することをドイツ国民（東ドイツを除く）が念願していることをアデナウアーは熟知していた。

　忘れてならないのは、軍事的なドイツの再出発が、シューマン・プランに見られる仏独の和解と信頼の形成と同時並行的に行われたことである。最初は逡《しゅん》巡《じゅん》しつつ徐々に、そして最後は急速にというごとく。独仏の信頼関係は揺るぎないものとなりつつあった。

　かくしてプレヴァン・プランはＥＤＣへと進んでいく。ＥＤＣ条約の前文は以下のように述べていた。

「欧州軍における人的、物質的な速やかな統合が、軍事的要請に合致し、迅速性と効率性をもつ超国家的なヨーロッパ組織が、この目的に達する最適な手段である」とする。また統一された西欧軍では、同じ制服を着用し、軍事予算と徴兵を統一的に行うと規定した。そして戦時下においては、NATO軍最高司令官の指揮に服する旨記していた。

驚くべきことは、成就すべき到達点が、たんにこのEDCに止まらないことであった。一九五二年七月に発足したばかりのECSCであったが、加盟六カ国外相は、九月に第一回の特別閣僚理事会を開き、六カ国政府の最終目的が、EPC設立の達成にある、と宣言した。

EDCとEPCの関係は、EDC条約三八条を使って、EPCを作るという方法を採用していた。すなわち、EDCとEPCは、その構想の根幹においては、密接に結びついた双子の兄弟であり、EPCが設立された後には、この政治共同体＝EPCが防衛共同体のEDCと石炭鉄鋼共同体のECSCを包摂する母体をなすという位置づけを持っていた。

EDCが実現すれば、フランスの軍隊、ドイツの軍隊という国家を前提とした存在ではなく、統合された共同の指揮命令の下で行動するヨーロッパ軍が想定され、そこでは、欧州政治同盟に詳しいジャン＝クロード・マスクレの言を引用すれば、「ドイツの兵はいても、ドイツの軍は存在しない」ということを意味していた（ジャン＝クロード・マスクレ『ヨーロッパの政治統合』）。なお原書名は直訳すれば『ヨーロッパの政治同盟』（*L'Union Politique de l'Europe*）となっている。実に大胆な構想であった。ECSCの草創期に理事会において、直ちにこのEDCを包摂するEPC構想が提示されたのである。EDC条約は一九五二年五月二七日にECSCと同じ加盟国すべてで調印された。これは、ECSCが稼働を始める二カ月前のことであった。ここにおいて、ECSCが石炭と鉄鋼という軍事産業の資源を共同管理し、EDCが共同防衛を担当し、それをEPCの下で推進することで、ヨーロッパ統合を進めていくという、一連の構想がその形を現わし始めた。

大胆、かつ目をむくような「ヨーロッパ合衆国」の創設も意識させる事例を示そう。愛知学院大学の黒神聡教授は、『1953・3・10 欧州政治共同体構想』で、ドイツ語原文を渉猟し、詳細にこの共同体構想を分析している。たとえばEPCにおかれる議会がある。

EPCでは、議会による執行機関の民主的コントロールという観点から、代議制をとりつつも、加盟国のヨーロッパ市民から直接選挙される下院と、国家の閣僚から構成される上院の二院制で、それぞれが同一の権限を持つ議会が構想されていた。上院は加盟国の国民を代表する者として、国会議員から加盟国の人口に応じて配分される議席において選出され、選出後は、国家からの支持を受けることなく行動することが謳われていた。他方、下院は、国籍を顧慮することなく、ヨーロッパ人民の代表として位置づけられていた。定員は二一名以上七〇名の間で決定され、選挙は、比例代表制で各党が出す名簿で選び出すということであった（黒神聡、前掲書）。

しかしながら、戦後直後のヨーロッパ統合運動の企画の頂点をなすEPC創設とも直結するEDC条約批准は、条約案提唱国のフランスで失敗し、幻となる。すなわち、一九五四年八月三〇日、EDC条約は、時のフランス首相ピエール・マンデス＝フランスの下で国民議会（下院）に提出されたものの、賛成二六四、反対三一九で批准が否決されたのである。これに伴いEDCの条文を根拠にしていたEPCもまた、同時に消滅することとなった。

否決された理由は、外部と内部の要因がある。外部要因としては、朝鮮戦争が一九五三年七月に休戦協定を得て小康状態に入り、当面ヨーロッパの政治指導者を震憾させた米ソの全面戦争の危機感が揺らいだこと、またフランスを苦しめたインドシナ戦争がジュネーブ会議で解決が見られたこと、スターリン体制も一九五三年に彼の死とともに終わったことなどが挙げられる。

また内部的要因をいえば、プレヴァン以降、実に内閣が七つも交代しており、プレヴァン・プランを準備した親ヨーロッパ的政権与党はEDC条約の批准過程の末期には野党となっていたことが挙げられる。ヨーロッパ統合運動の戦後最大の盛り上がりというべきEDCとEPC樹立に向けた動きはこうして終わる。

だが、ドイツの再軍備問題は解決していなかった。一九五五年四月に外相からイギリス首相になるアンソニー・イーデンは、フランス首相、ピエール・マンデス＝フランスの合意をとりつけ、ブリュッセル条約を修正し、あらたに西欧同盟（WEU）を創設し、この中にドイツを組み込む形で、ドイツ再軍備問題の解決とした。

ドイツは、イタリアとともにWEUの加盟国となる。イギリスは、自国が主権の放棄と国際統合組織に移譲する形の政治組織には一貫して同意しない姿勢をとっていたから、EDC構想に距離を置いていた。それゆえ、ヨーロッパ統合とは全く別の原理に立つ軍事組織に再編されることを意味した。

イーデン首相はヨーロッパ統合運動への協力については、「英連邦という結びつきからみて許されないものであり、「主権をもったヨーロッパ機関の設立には同意しないという留保付き」のものだった、と語っていた（アンソニー・イーデン『イーデン回顧録I』）。

西ドイツは一九五四年一〇月、ブリュッセル条約を修正する議定書、WEUの軍隊と軍備管理（軍備増強の制限）、NATO加盟、西ドイツにおける占領法の効力の停止と主権の回復などを定めるパリ協約に調印。一九五五年二月にドイツ連邦議会はこれを批准し、パリ協定は同年五月五日に発効した。これにより敗戦後一〇年をかけて、悲願の主権回復を果たしたのである。

一一月一二日に五〇万の兵力をもつドイツ連邦軍が誕生し、西ドイツはNATOに加盟した。アデナウアーの西ドイツは、冷戦の激化を背景に主権の回復をヨーロッパの共同防衛という責務を引きうけることで、「ヨーロッパの中のドイツ」としての位置づけをもって、戦後ヨーロッパ政治に復帰していくのである。

他方、東ドイツは、ソ連によって一九五四年三月二五日に主権国家として認められ、一九五五年四月一四日、ワルシャワ条約に調印し、自身の軍隊も創設したのである。

ここに東西ドイツの固定化が完了し、一九八九年のベルリンの壁の崩壊まで続くことになる。

第5章

ヨーロッパ統合の幕開け

――欧州経済共同体（ＥＥＣ）と欧州原子力共同体（ＥＡＥＣ）

1　ローマ条約の背景

欧州統合運動、とりわけヨーロッパ連邦形成に向けた初期における頂点というべき内容をもって提起されていた欧州防衛共同体（ＥＤＣ）は、フランス下院での承認否決に遭遇して、水泡に帰した。欧州政治共同体（ＥＰＣ）構想も自動的に消滅した。深い傷を負ったヨーロッパ統合運動であった。だが、すぐに体制の立て直しと新たな構想に基づく経済統合組織の創設に向かう。それが一九五七年三月のローマ条約によって創設された欧州経済共同体（ＥＥＣ）と欧州原子力共同体（Euratom/EAECユーラトム）である。

複数形が厳密でない日本語の教科書では、「ローマ条約」とだけあり、単数の条約と考えられることがある。だが、英文でいえば、Treaties of Romeと複数形で、厳密にいえば、ローマ二条約である。すなわち、ローマ条約とは、ＥＥＣとＥＡＥＣの二つの条約を指し、この二つの条約は、それぞれ、同じ年に、同じ場所で、同じ加盟国によって調印された。

すなわち、ローマ条約は、ドイツ第三帝国の敗北からほぼ一二年を経た一九五七年三月二五日にローマにおいて、欧州石炭鉄鋼共同体（ECSC）と同じ、フランス、ドイツ、イタリア、ベルギー、オランダ、ルクセンブルクの六カ国政府によって調印された。発効は一九五八年一月一日のことである。ただし、ローマ条約といえば、その重要性から多くはEEC条約のことを指す。

2　メッシーナ会議と「スパーク報告」

この章の第二節と第三節では、ローマ条約が批准されるまでの経緯を追っていくこととする。

一九五五年六月一日から三日間にわたり、メッシーナ会議が開催された。この会議は、ローマ条約に向かう重要なステップとなった。メッシーナはイタリアのシチリア島の都市で、ここにルクセンブルク外相のジョセフ・ベックを議長として、ECSC加盟六カ国の外相クラスが集まり、EEC（後のEU）を生みだす重要な決定をした。ドイツからはこの後の章で登場するヴァルター・ハルシュタイン、ベルギーからは、ポール・アンリ・スパークが参加していた。この会議には別の課題もあった。

それは、EDCの承認をフランス国民議会（下院）が否決したことを機に、ジャン・モネがＥＣＳＣの執行機関の委員長の辞職を表明しており、モネの後任人事を決める必要があった。モネの後任にはフランスの首相経験者であるルネ・マイエールが指名された。さらに、ＥＤＣとＥＰＣ構想が挫折した後、ヨーロッパ統合の再活性化のための行動計画を作り上げることが望まれていた。特にベネルクス三国は、関税同盟と輸送、および原子力エネルギーの分野でヨーロッパレベルでの統合を強く欲していて、中小国の意思も強く反映した会議となった。

この会議では、議長の強い希望で当初の予定者を変更し、ベルギーのスパーク外相に行動プログラムを作成するように求めた。それは一九五六年四月二一日付で発表され、作成者の名をとり「スパーク報告」として歴史に名を残す。実際にこれが、ＥＥＣとＥＡＥＣの二つの条約を導く政府間会議の基礎文書となるものであった。後のＥＥＣが盛り込むことになる政策を広く扱っている。それゆえ、一五三頁からなるこのスパーク報告を少し見ておこう。

第一部は、第一編から三編まである。第一編では、第一章で、「市場の融合」と題し、対外共通関税の創設、数量規制、サービス、農業が扱われている。第二編では共同市場政策で、競争規定や加盟国の援助に関する規制などが扱われている。特に、競争阻害の除去、加盟国の法の調和、関税政策と、運輸と運賃、さらには国際収支について規定されている。第三編では、組織の財源の開発と投資基金や社会保障コストの問題、労働者の自由移動や資本の自由移動の問題が扱われている。

第二部は原子力部門で、二六頁が割かれている。第三部は緊急行動の部門として、エネルギー、空運、および郵便と電気通信が挙げられている（「スパーク報告」）。

今読み返してみると、共同市場（Common Market）を扱う第一部第一編で文書の三分の二を占めていることが印象的である。農業については、わずかに九頁が割かれているだけである。農業への比重の少なさは、農業部門での共同市場の創設の困難さを表している。

この報告書の基本的な考え方は、簡単にいえば以下のようであった。すなわち、工業製品と農業を主たる対象にし、関税を域内で撤廃し、「規模の経済」といわれる巨大市場のメリットをもたらし、ヨーロッパ人として一体感の感情を育み、国境障壁を除去し、あたかも一つの国家のように自在に行き来できるヨーロッパを形成しようという試みであった。

関税同盟はすでに一九世紀においてドイツで実施されていた。帝政ドイツの成立以前には、バラバラに存在していた四〇以上もの領邦国家は、一八七一年、普仏戦争を機に統一される。プロイセンを盟主としてドイツ帝国が創建されたのである。関税同盟がその経済的基礎となるものであった。二〇世紀にはいると、一九二三年、著書『パン・ヨーロッパ』でリヒャルト・クーデンホーフ＝カレルギーもまた、多数の小国家に解体されてしまった旧オーストリア＝ハンガリー帝国の構成国を含む当時のヨーロッパ二六カ国において関税同盟を実施するよう提唱していた。

農産品の共同市場化についても同様であった。工業製品に対する関税同盟の構築が、域内での貿易を活性化し、工業国を潤すように、農産品における共通農業政策の構築も緊急の課題であった。すなわち、工業製品の輸入関税の廃止は工業国ドイツにとって、広大なマーケットを得ることになる。他方、フランスは農業国家として自国の農産品の輸出先として、ドイツを含めた域内五カ国に当然期待する。しかし、各国ごとに農産品の輸出入の規制が異なる状況にあれば、フランスの農産品の価格は割高になる危険もあり、国益も守れない。

まさにその名も『共同市場』を著したデニス・スワンが、共同体は、独仏など各国の「国益の微妙なバランスの上に立っていた」と指摘しているところである（Dennis Swann, *The Economics of the Common Market*）。

さらに指摘すべきことは、フランスのみならず、一九五八年当時、共同体を構成する農業労働者の労働総人口に占める割合は二〇％もあり、加盟国政府もこの権益を無視しては、ヨーロッパ統合を推進できなかったのである（Dennis Swann, *ibid.*）。

3　ジャン・モネのローマ条約に向けた努力とローマ条約の批准

メッシーナ会議、スパーク報告、それを基礎にした政府間会議と続くEEC創設の過程では、ECSC加盟六カ国すべてが、もろ手を挙げて歓迎したわけではなかった。実際、加盟国の国家主義的政党や利益団体、労働組合は、主権的権限の侵害になるのではないかと主張した。二〇世紀最高の思想家の一人、ハンナ・アーレントが喝破した如く、労働者と労働組合は、理念として語られるようなインターナショナルな存在ではなく、置かれている工場のある国家にその根を深く下ろしていた。想定されている国際統合組織において、労働者保護の制度的保障がないとみられれば、当然それに反対を生むということであった。

激化した冷戦時に高まったヨーロッパ統合への要求や熱気は、朝鮮戦争の休戦や緊張緩和が到来するや、潮が引くように、多くの国で後退したのである。実際、一九五四年八月の欧州防衛共同体（EDC）条約のフランス国民議会での批准否決と、欧州政治共同体（EPC）創設が挫折した後、ヨーロッパ統合運動はその勢いを失ったようにもみえた。だがジャン・モネはそうではなかった。

彼はECSCの最高機関初代委員長を辞任し、「ヨーロッパ合衆国のための実行委員会」（Le Comité d'Action pour les États Unis d'Europe）を自ら作り、外部からヨーロッパ統合の連邦的統合推進に尽力する。ちなみに日本では、EUを「欧州連合」と訳すことで、ジャン・モネを「欧州連合」の創設者としてみなす論者がいる。だが、それでは、ヨーロッパ統合の歴史をまるで表現できない。ジャン・モネは、徹頭徹尾、連邦主義的ヨーロッパの構築を考えており、彼の委員会の名称が正しく語るように、最大到達点として「ヨーロッパ合衆国」さえ遠景に描いていたことを忘れてはならない。

ＥＤＣ条約批准否決から半年もたたない一九五五年一月に、上記の委員会の第一回目の会合が開催され、以降、ＥＥＣとＥＡＥＣの二つの共同体創設をＥＣＳＣ加盟六カ国政府に働きかけていく。このヨーロッパ合衆国のための委員会には、一九八七年の第一次ドロール欧州委員会で事務総長を務め、総計三〇年にわたり欧州統合の政治舞台で活躍し、文字通り欧州共同体（ＥＣ）の生き字引となったエミール・ノエルなどの若き秀才もフランス首相ギ・モレとの連絡役として参加していた。

モネには、はっきりしたスタンスがあった。いかなるヨーロッパ統合にも反対している共産党または共産党系労組と、これまた明確なヨーロッパ統合反対のフランス民族主義者、ゴーリスト（ドゴール将軍・大統領の名から来ている名称）たちとは一切接触しないというもので、それを実践した（ジャン・モネ『ＥＣメモワール――ジャン・モネの発想』）。

この時期、ヨーロッパ主要国の共産党は、一九五六年に連邦憲法裁判所から禁止命令を受けた西ドイツの共産党は論外としても、際立ってソ連寄りの姿勢をとり「モスクワの長女」と揶揄《やゆ》されたフランス共産党も依然として、ソ連の影響下にあった。ただし、イタリア共産党（ＰＣＩ）は一九五六年のハンガリー動乱を経て、それまで北大西洋条約機構（ＮＡＴＯ）やＥＣＳＣ、ＥＤＣに対してとっていた反対姿勢を転換し、ＥＡＥＣ条約では賛成、そしてＥＥＣ条約では実質賛成を意味する「棄権」に回っていた（八十田博人「イタリアの欧州統合への対応：１９９２〜２００１」）。ヨーロッパ統合にたいしては、一方が国際共産主義運動、他方が国家主義、それぞれ別個の論理に立ちながら、左翼と右翼がともに反対という構図がこの時期から存在した。

国際統合は、国家の主権的権限を国際統合組織に移譲することによって可能となる原理で、単なる国家の協力機関や連合組織とは一線を画している。ところが国家こそが国際関係において最も重要な主体であるとする国家主義の考え方からすれば、到底受け入れられるものではない。この後、ドゴールとハルシュタインとの対立、さらにはサッチャーとドロールの対立として、その歴史を刻むのである。

ＥＣＳＣ加盟六カ国の政府は一九五七年三月二五日、ＥＥＣとＥＡＥＣの二つの共同体条約に調印した。しかし条約には加盟国議会での批准が待っており、ジャン・モネは積極的にこの実現に動く。ジャン・モネらは、六カ国の政党指導者と会談し、さらには一四〇〇万人の労働者を代表する労働組合指導者との会合を繰り返し、彼らの不安を取り除くのに成功した。モネ最大の懸念は、やはりＥＣＳＣ条約批准時と同様に、ドイツ社会民主党であった。

実際、ドイツ社会民主党はＥＤＣ条約にも反対の姿勢を示していた。しかし党首もクルト・シューマッハーから、エーリッヒ・オレンハウワーに交替し、ドイツ最大の労働組合連盟（ＤＧＢ）幹部によるジャン・モネに対する信頼を背景にその説得に努め、ドイツ社会民主党もキリスト教民主同盟（ＣＤＵ）とともに、ＥＥＣ条約批准賛成に回り、一九五五年七月からは共同体の積極的支持者になった。他の加盟国の議会での批准投票では、フランスは、賛成三四二、反対二三九。反対は、ドゴール派、共産党、右翼など。イタリアでは、賛成三一一、反対一四四、棄権五四。ベルギーでは一七四対四、ルクセンブルクでは四六対三で、それぞれＥＥＣ条約を批准した（ジャン・モネ、前掲書）。

4　ＥＥＣの設立と機関

ところで、ＥＥＣは何を目指したのか。非常に単純化していえば、ヒト、モノ、カネ、サービスが自由に移動できるいわゆる「共同市場」とよばれる単一経済空間の形成であった。アン・ダルトロップは著書の中で、ＥＥＣの性格について、以下のように書いている。

「実現に向けた厳密な日程が定められたのは関税同盟だけであり、その手続きと義務は明確に規定された。農業や運輸などに関する共通政策は、共同体が設立された後に、全面的に実施されることになったが、条約はこれらの政策を実施するための一般原則と全般的な予定表を定めただけである」（アン・ダルトロップ、前掲書）。

「共同市場」（Common Market）というこの考え方が、EECの基本であるが、単一欧州議定書を経て、共同市場という呼び方は、現在では「単一市場」（Single Market）という言い方に置き換わっている。「共通」（common）から「単一」（single）というEUにおける表記使用の変化は、外交安保でも同様で、リスボン条約で新設されたEUの外相といるべき上級代表の表記においても変化がみられる。これは統合の段階の前進を示すものといえる。実際、上級代表では「共通」の語が除かれた。

ところで、一九五〇年代後半から八〇年代を通して進む共同市場の形成は、それ自体が画期的なことであった。共同市場の確立は、企業の国家と国境を越えた国際的活動を推進することも意味したが、それは同時に企業による制限的な行為、過度の集中、産業上での強者による支配的地位の乱用に対する措置も採られる必要があった。

EEC条約八五～九〇条は共同体内部での取引や統合の進展を脅かす制限的行為に対処する措置を定めている。わが国でいう独占禁止法に相当する競争法がこれらの条文を根拠としている。第一章で触れた米マイクロソフト社やインテル社に対する懲罰的な巨額の制裁金もこれらを根拠にしている。このように、制限的措置とみなされる行為に対しては競争法による監視と課徴金の対象となることもあり、EU独自の法の空間を確立している。

また加盟国がそれぞれに定めている各種の安全基準、認証なども、ヒト、モノ、カネの自由移動を阻害する要因であり、その調整もまたEEC委員会の重要な任務となった。

これは加盟国の法律の調整を必要とする。これは「調和化」(harmonization)という言葉で知られており、「欧州共同体指令」というEC法(欧州共同体法。現在はEU法)で、加盟国の法を可能な限り同じ効果をもつよう誘導している。加盟国の法の調和化は、産業の全領域に及び、現在も続けられている。

また注目すべきは、EU域外では、国家が当然のこととして行っている企業に対する各種の補助金などの公的支援も、共同市場の確保のために競争法の対象となっている。

国家による援助も、社会的、地域的な困難の救済という必要性が認められない限り、またヨーロッパ規模での利益の推進に資すると判断されない限り、原則として禁止されているのである。このほか、共通農業政策も定められた。安全な食料供給は経済的な繁栄の不可欠な基礎である。特にコモンウエルスとして食糧供給を海外の旧植民地に依存できるイギリスとは違い、六カ国全体としては零細農家が多い。しかも農業労働者の労働人口に占める割合も、一九五八年当時EECを結成した六カ国では二五%も抱え、所得も工業労働者の半分という状況であった。そのため、生産者の保護のための価格保証を核とする共通農業政策が形成された。これは、後に「バターの山、ワインの湖」という表現に代表される過剰生産をうみ、ＥＵ予算を圧迫することになる。

ＥＥＣの機関

ローマ条約が批准されたことにより、ＥＥＣとＥＡＥＣの二つの共同体が創設されたが、執行機関も当然必要となる。これもＥＥＣ条約ではそれぞれ規定されている。すでにＥＣＳＣでは執行機関、総会、裁判所、閣僚理事会の四つの機関が存在したが、ＥＥＣ、ＥＡＥＣ、ＥＣＳＣの三つの共同体それぞれに四つの機関が置かれるとすれば、理論的には実に一二の機関が存在することになる。それゆえ、重複をさけ、行政効率を確保するために、最初に総会（後の欧州議会）と裁判所は、三共同体共通のものとして、一体化された。

執行機関と議決機関は、その後しばらくそれぞれの共同体に並置される状況が続いた。三共同体それぞれに置かれていた執行機関と閣僚理事会は一九六七年、機関間併合条約で三共同体に共通する機関として一体化され、スリム化された。古い教科書では、この併合条約をもって三共同体が統合されＥＣ（欧州共同体）が成立した、という記載が一部にある。だが、条約上、これは正確ではない。あくまで機関間併合条約であって、三共同体併合条約ではない。それゆえ一九六〇年代後半から九〇年代まで「欧州共同体」と呼ばれていたものは、条約上厳密には欧州三共同体としてのＥＣｓ

(European Communities) である。

三つの共同体は一九九三年のEU設立条約(マーストリヒト条約)以降もEUの中で存在し、二〇〇二年のECSC条約の失効で二つの共同体になるまで存続した。ちなみに、一九九三年のEU設立条約において、三共同体の一つであるEECがECと名を改め、初めてECは単数となった。そのEC(欧州共同体)も、EUがECの任務を受け継ぐことが規定された二〇〇九年発効のリスボン条約で、欧州統合史からその名を消した。なおEUにおいては、「共同体」という名称は、リスボン条約以降、以下に述べる原子力部門においてわずかに残るのみとなっている。

5 EAEC(ユーラトム)

冒頭で、ローマ条約は複数形であるといったが、もう一つの条約がEAECである。これに言及しておこう。

一九五六年七月に、アラブ・ナショナリズムを反映したエジプトのナセル大統領によるスエズ運河の国有化が宣言され、エネルギーの流通ルートに障害が出て、石油以外のエネルギー確保の必要性も痛感された。西ヨーロッパは当時エネルギーの五分の一を外部からの輸入に依存し、今後一〇年でそれは三分の一に拡大するとみられていたのである。

原子力エネルギーは、二一世紀の現在では、廃棄物処理問題や自然災害時における脆弱性もあり、環境上もコストの点でも優位性に厳しい目が向けられている。だが、現在とは違い、六〇年前の当時は、原子力エネルギーにたいする期待感は高まるばかりであった。それゆえ、研究開発に莫大な資金を必要とする原子力エネルギーの分野に共同して対処するというシューマン・プランの考え方が適用できるとの確信を強め、経済共同体とパラレルでこれに乗り出すことになる。

ＥＡＥＣ条約の前文は原子力産業の迅速な立ち上げと発展のために必要な条件を創造することで、加盟国の生活水準と他国との関係の発展に貢献することをその任務としている。そして第二条では、共同体がなすべき任務について、以下のように列記している。

研究の促進と技術情報の普及を確保する。労働者および一般市民の健康を保護する統一的安全基準を確立し、適用することを確保する。投資を促進し、とりわけ共同体内での原子力エネルギーの発展のために必要な基本的施設を建設する企画の促進を確保する。共同体はすべての利用者が定期的かつ平等の核燃料の供給を受けられるよう保障する。核物質が共同体の目的以外（軍事目的）に転用されないようにする。第三国および国際機関と、原子力エネルギーの平和利用を促進するような関係を打ち立てる、などである。

この共同体について、前出のダルトロップ女史は著書のなかで以下のように記している。

「二つの新しい共同体が設立された当初、ユーラトムの方がより活動的であろうと考えられていた。核エネルギーは、ヨーロッパ・レベルでの統一的な開発に理想的な産業であると思われたからである。共同体規模の計画と研究により、核エネルギー産業は豊富で安いエネルギー資源をヨーロッパに提供できるだろうと期待された。しかし、一九六〇年代に入り、各国政府は独自の核研究計画の管理権を共同体へ譲渡する熱意を急速に失っていった」（アン・ダルトロップ、前掲書）。

原子力エネルギーといえば、第二次世界大戦末期に開発され広島、長崎に投下された原子爆弾がヨーロッパ社会へ与えた衝撃は大きく、その平和利用を国際的に行いたいとする希望に反映されていた。だが、同時にこのエネルギーについて、ジャン・モネは「希望と同時に恐怖をもった課題」であったとみており、ドイツは侵略の歴史のゆえに、わが国同様、原爆の武器としての開発をしないことを決めていたし、アデナウアー政権の経済相エアハルトは、欧州石炭鉄鋼共同体には、途中から積極姿勢に転じたとはいえ、原子力共同体にはかならずしも気乗りではなかった（ジャン・モネ、前掲書）。

アメリカやイギリスなど核開発の部門で先行している国家があり、ヨーロッパでそれを行うことにその利益を十分見い出せないでいた。フランスとドイツは、ＥＡＥＣに対する立場に相違があった。この相違について、モネは以下のように述べている。「フランスは何かワナでもあるのではないかと心配しながら、共同市場の道に引きずり込まれていたが、反対にユーラトムには惹かれていた。またドイツは、ユーラトムはドイツ産業への監視の道具とも受け止められていた」（ジャン・モネ、前掲書）。

そしてイギリスは独自の核技術を開発しており、その供与には消極的であった。しかしながら、ＥＡＥＣはその後の展開を観るとき、ダルトロップが指摘したように、ＥＥＣほどのインパクトをヨーロッパ統合に与えることはなかった。

第6章

「祖国からなるヨーロッパ」か「連邦的ヨーロッパ」か

——ドゴールの抵抗

1　問題の所在

本章では、一九六五年に起きたドゴール大統領のフランスによる「ルクセンブルクの危機」として知られるEUが直面した大事件について語ることになる。この事件こそ、欧州経済共同体（EEC）に体現されるヨーロッパ統合運動が連邦主義的統合に向かって漸進しようとする中で、直面した最大の危機となったからである。

ここで、一九五七年のローマ条約（第五章で解説）は何を決めていたのかを思い出す必要がある。ヨーロッパ統合運動は、欧州防衛共同体（EDC）の形成には失敗していたが、既に欧州石炭鉄鋼共同体（ECSC）によって石炭と鉄鋼という国家と戦争に必要な産業資源の共同管理を目指しており、さらに、EECによって通商分野を含めた広い経済分野に国家の主権の一部の移譲を受けることで、ヨーロッパという加盟各国共通の利害を推進すべく統合組織を強化していたのである。EECで最も重要な機能は関税同盟と共通農業政策であった。通常、国家にあっては、関税当局が徴収する関税収入は国庫に納められ、国家の財政の基礎の一部を成す。EECで行われた関税同盟とは、域内での関税率をゼロとし、物流を促進し、さらにこれにとどまらず、対外共通関税を設定することをいう。工業製品に対して関税同盟による収入の管理が生じるように、ＥＵの共通農業政策も、農産品の価格決定と、海外からの農産品の輸入にたいする課徴金とその徴収と管理問題が生じる。この章で扱うテーマは、まさにこの点について発した問題であり、危機であった。

「ルクセンブルクの危機」というドラマの主役はヴァルター・ハルシュタイン初代ＥＥＣ委員長と、フランス大統領ドゴールである。はじめに、ドゴールとハルシュタインの二人の経歴について触れよう。

2　二人の主役

ドゴール仏大統領

シャルル・ドゴール（Charles de Gaulle）は、フランス人なら知らぬものはない政治家であり、大統領職を務めた人物である。日本でもその知名度は高い。その名をよく知らない人も、日本からフランスに最初に降り立つ空港の名であるといえば、納得される人も多いことだろう。ドゴールは一八九〇年一一月生まれ、一九七〇年一一月死去。彼はほぼ八〇年におよぶその人生で、元帥までのぼりつめた軍人として、そしてフランス解放の主役としてパリに凱旋し、その後大統領職を務めたまさに国家的英雄というべき輝かしい経歴を残している。
一九三九年九月に勃発した第二次世界大戦では、一九四〇年五月にドイツ軍によるフランス侵攻が始まる。ドイツ軍は、フランスが構築した巨大要塞マジノ線を迂回する作戦をとり、フランス軍はわずか一カ月でドイツ軍に敗北を喫した。フランスのダラディエ政権は崩壊し、代ってポール・レノーが首相に就任。ドゴールは、この首相の下で、国防次官兼陸軍次官に任命される。ちなみに、ジャン・モネとロベール・シューマンもこの内閣にいた。ドゴールは、イギリス軍との作戦指揮に関する会議でロンドンに飛び、六月一五日にパリ陥落の報を聞く。彼はそのままロンドンに亡命し、「自由フランス国民委員会」を結成し、対独レジスタンス運動の中心の一人となる。

シャルル・ドゴール
(1890 – 1970)

一九四四年八月のパリ解放後、ドゴールは国民議会から首相に選出されるが、一九四六年一月には突如辞任。その後、一九五二年に顕在化したフランス国内の政争に群易したドゴールは、自らが作り出したフランス国民連合(ＲＰＦ)を解体し、一九五五年には引退すると宣言し、政界を離れた。その後アルジェリア問題もあり、一九五八年六月に復帰し、首相を務め、首相からフランス第五共和政の初代大統領に就任。以後一九六九年の退陣までフランス政治のトップとして君臨し『希望の回想〈第一部〉再生』と題された回想録が未完のまま出版された。

ちなみにドゴールについては、一八三〇年のアルジェ侵攻から一九六〇年に解放されるまで植民地として仏領であったアルジェリア独立をめぐり、秘密軍事組織ＯＡＳにより雇われた暗殺者コード名「ジャッカル」による彼の暗殺未遂事件をテーマにした英著名作家フレデリック・フォーサイスの一九七一年の小説があり、それをもとにしたマイケル・フォックス主演の映画『ジャッカルの日』（The Day of the Jackal 一九七三年公開）が現地ロケを多用し製作されている。ＥＥＣでの関税同盟創設により、その後撤廃されることになった仏伊間の国境検問や、英仏間の司法警察協力の一片を知ることができ、貴重である。

ハルシュタインEEC委員長

他方ヴァルター・ハルシュタイン（Walter Hallstein）は一九〇一年、ドイツのマインツで生まれ、ドゴールとは一一の歳の差がある。一九八二年三月、シュツットガルトで死去。キリスト教民主同盟（ＣＤＵ）に所属した政治家で、本章のコンテキストでは初代ＥＥＣ委員長（現在の欧州委員長）としての役職が重要である。

彼はボン、ミュンヘンなどで学び、ベルサイユ条約の保険に関する論文で博士の学位を取得している。一九四二年には四〇歳を超えていたが、ドイツ国防軍に大尉として従軍。一九四四年に米軍との戦闘で戦争捕虜となり、ミシシッピ州に送られ、同地の捕虜収容所に身を置き、捕虜となった兵士のための法律講座を担当した。終戦翌年の一九四六年にドイツに帰還。フランクフルト大学に復帰、ほどなく学長に選出されている。一九四八年からは米国ジョージ・ワシントン大学で客員教授として国際関係学を講義した（Wilfried Loth et al., *Walter Hallstein: The Forgotten European?*）。

彼の政界入りは、CDUのリーダーで時の宰相コンラート・アデナウアーに見込まれてのものであった。アデナウアーは、彼を

ヴァルター・ハルシュタイン
(1901 – 1982)

一九五一年六月に連邦政府の次官に任命し、シューマン・プランのドイツ側代表団首席の任に当たらせる。ハルシュタインはかくして、戦後ECSCとして結実するヨーロッパ統合運動の最も重要な局面に当初からドイツ国家を代表して登場することになった。ただし、彼の名は一般には一九五五年の冷戦緊迫期における西ドイツ外務省の対ソ連東独外交政策の基本を成す「ハルシュタイン・ドクトリン」の提唱者として記憶されている。それは、西ドイツだけが全ドイツの正統な代表であり、東ドイツ政府を承認する国家とは外交関係を結ばないとする原則である。

その後、ハルシュタインは、EEC条約のドイツ側代表として活躍し、ローマ条約を導くメッシーナ会議でもドイツ側代表として加わっていることはすでにふれた。

EEC条約成立後の一九五八年一月七日、冒頭に述べたEECの初代委員長に就任し、一九六七年九月の退任まで九年半その地位にあった。クーデンホーフ＝カレルギーも得たシャルルマーニュ平和賞を一九六一年に受賞している。EEC委員長を退任後

は、ドイツ連邦議会のCDU所属国会議員などを歴任して、多数の大学の名誉博士号を得て、一九八二年、その生涯を終えた。

3 「ルクセンブルク危機」

——一九六五年三月のEEC委員会提案

一九五八年一月から稼働を始めたEECだが、ローマ条約では、一九五八年一月から一九六九年一二月までの一二年間を過渡期間として定めていた。そしてこの期間中に徐々に関税同盟を完成するという行程表を掲げていた。そして域内貿易に対する数量制限は一九六一年末までに全廃され、一九六八年七月一日までに域内関税が全廃され、対外共通関税に置き換えられた。ローマ条約が定めた予定を一年半も繰り上げて達成できたのである。

関税同盟の経済効果は絶大で、一九五八年にEECが発足してから一〇年ほどで、世界の貿易額が一九〇%増えたのに対して、EECの対外貿易は同じ比率で伸びたが、ことEEC内の六カ国の間の域内貿易では五〇〇%も増進した（ロジャー・ブロード、R・J・ジャレット『欧州共同体案内［改訂版］』）。

ドゴール・フランス大統領とハルシュタインEEC委員会の対立は、関税同盟の完成と農業政策の次のステップに移行する時期に、その実践を巡る政治過程で起きた。

ＥＥＣ条約二〇一条は、対外共通関税については、ＥＥＣ固有の財源としてこれを予算化するということが明示されていた。他方、共通農業政策の運営に関わる財政問題も提起されることになる。ちなみに、農業部門はこの時期、ＥＵ経済において大きなウェートを持っていた。一九五〇年には六カ国で二〇〇〇万人が農業に従事していた。ＥＥＣが発足した一九五八年でもその数は一六〇〇万人存在した。ＥＥＣでは、農業は、工業以上に、加盟国ごとに生産と販売の形態が多様であり、変化する自然環境も加わり生産性は低く、海外との価格競争力にも劣っていた。工業労働者との賃金格差もあり、それがさらに加盟国の全般的な競争力の相違も生むという状況で、ＥＥＣにおいては極めて重要な政策課題であった。ＥＥＣが定める共通農業政策の目的は四つあった。

第一は、農産品に対する共通の輸入課徴金（工業製品に課される関税の農産品版）制度で、安い域外からの輸入農産物からＥＵの農民を守る。第二、共通農業政策の財源を一本化する。第三、ＥＥＣ全域での共通農産物価格水準を適用する。第四、加盟国すべてで農産品の共同市場を組織する、というものであった。

一九六四年一二月には、共通財政規則について提案を行うよう、フランスも含めた閣僚理事会は委員会に対して指示を出していた。ヨーロッパ統合の創設者たちは、農業課徴金と工業関税の収入をもってＥＵの独自財源とし、国家間、地域間で格差のあるＥＥＣで所得の再配分を実施し、ローマ条約がいう「均衡のとれた発展」に資するような仕組を考慮していたのである。

4　ドゴール仏大統領の怒りと空席戦術

ＥＥＣ委員会は、条約の規定に従い、一九六五年三月三一日に閣僚理事会に提案を行った。この提案は三つの柱からなっていた。第一は共通農業政策に関わる財政規則の制定。第二は、関税同盟の財政的権限の自立化、第三は、対外共通関税で域外から入る収入は、欧州議会にその監督権限を持たせる、というものであった。

通常の国家にあって、予算は議会の多数派が構成する政府与党がこれを実践し、議会がこれを監督する。ＥＥＣにおいても、その方式に近づけようとする試みも行われた。直接的には前記の三つが提案されたが、もう一つの争点もあった。

ＥＥＣ条約には、共通政策み決定は全会一致方式から多数決方式に置き換えていくことが盛り込まれていたのだが、その置き換えがもう一つの争点になったのである。関税同盟を核とした共同市場の形成については、全会一致では加盟国の反対にあって統合が進まない。全会一致から多数決への移行の措置も、そうしたヨーロッパ統合を推進するための画期的手段であった。なお理事会での多数決は、人口比で票数を加盟国に配分する加重特定多数決であった。

本来的には欧州委員会の提案についていえば、ＥＥＣ条約に規定されていることの実践であり、「共同体議論のタネになるものではなかった」（ロジャー・ブロード、Ｒ・Ｊ・ジャレット、前掲書）。この基本的方針に対して、ドゴールは、上述のＥＥＣ委員会に対して強く反発することになる。

フランスは、ＥＥＣ条約の調印国として、またそれを批准し発効させた加盟国としてＥＥＣ条約に盛り込まれていた一連の計画について、実践に責任を負っていた。したがって問題はドゴールの側にあった。もっとも、ドゴールは、一九五五年には引退宣言をし、政界を一時離れており、彼自身はローマ条約の形成過程という最も重要な時期に、幸か不幸か、直接は関与していなかった。

フランス政府も加わりローマ条約に調印し、創設したＥＥＣ自体に対して、超国家的、連邦主義的なプログラムが、自己の政権下で展開することに対しては、ドゴールは、強い不満をもっていた。さらに彼はこの年の一一月に大統領選挙が迫っており、農民とフランスの利益の代表者であることを示す政治的な意味と、利益を見ていたのである（Wilfried Loth et al., *ibid.*）。

彼の不満は、クーブ・ド・ミュルヴィル外相を通して、閣僚理事会での「空席戦術」として、爆発する形になった。ハルシュタイン率いるＥＥＣ委員会による理事会への提案後の経緯をいえば、以下のとおりである。

ＥＥＣの閣僚理事会は一九六五年五月一三日から一四日に委員会が一括して出した画期的案を討議した。フランス政府は、三つの柱それぞれを別個の問題として討議する戦術をとった。つまり、第一の共通農業政策の財政規則の制定については、それ自体フランスが最大の受益者となるために、賛成ではあった。だが、農業や共通政策の第三段階への移行に伴う理事会での議決が多数決で行われることについては、徹底して反対した。

議長を務めていたのは、フランス外相クーブ・ド・ミュルヴィルであった。彼は、このようなケースに往々に使われていた、時計を止めて、議事を進めるという理事会の慣行を採用せず、六月三〇日未明に、会議の停止を宣言した。実は、フランスがその六月末をもって、理事会議長の担当国の期限切れとなり、議長国を交代するということもあったのである。翌日、フランスはＥＥＣが危機にあることを宣言し、七月二六日に始まる会期から、フランス代表を引き揚げてしまった。世にいうドゴールの「空席戦術」と「ルクセンブルクの危機」の始まりである。

フランスを除く五カ国は閣僚理事会に出席を続けたとはいえ、これ以降ＥＥＣは、日常業務はかろうじて進めることができるが、フランスの不参加ということで実質的に機能しなくなり、重要案件では、閣僚理事会が全く機能しない状況となったのである。

フランスが閣僚理事会に復帰するのは、年が変わった一九六六年一月のルクセンブルクで開かれた特別会期においてであった。すなわち七月から一月までの六カ月間にわたり、ＥＥＣは空前絶後ともいうべき機能停止状態となったのである。

5　「ルクセンブルクの妥協」――その意味

フランスの欠席戦術が提起した問題は、実に、ヨーロッパ統合の将来がどうあるべきかという、その統合像と将来をめぐる最初の対立であった。関税収入や農業課徴金を主とする固有財源を欧州議会が監督することとともに、ドゴールが最も抵抗したのは、理事会での多数決制の導入であった。なぜならそれは、全会一致という実質的な拒否権の存在により保護されていた国家の主権的権限とその貫徹が、多数の国家の意思により阻止される可能性（危険性）があることを意味するからであった。すなわち、正当に選出された加盟国の政府与党が代表する主権国家の意思よりも、統合組織に権威と決定権があることを示唆しており、主権国家の意思が、場合によっては、否定される危険性を孕んでいたのである。

ＥＥＣが直面した創設以降最大の危機は、一九六六年一月に開催された特別会期で収束する。理事会はフランスの意見を聴取して審議し、合意した。後に、「ルクセンブルクの妥協」として、あるいは「不同意への同意」として語られる決着である。
わが国におけるEU政治の研究者の第一世代というべき故金丸輝男日本EU学会理事長は、「ルクセンブルクの妥協」について、その重要な部分について触れている。

I　多数決によって決定が下されるにあたって、一カ国以上の「非常に重要な利益」(interets trés importantes) が危険にさらされる場合、理事会の構成員は、EEC条約第二条に基づいて、加盟国相互の利益と共同体の利益を尊重しつつ、理事会の全構成員によって採択される解決に到達するよう合理的な時間の範囲内で、努力する。
Ⅱ　前条に関して、フランス代表は、非常に重要な利益が危険にさらされる場合には、全会一致に到達するまで審議を継続すべきである、と考える。

この声明文を詳細に読むと、極めて興味深い。まさに、この問題をめぐるEEC五カ国とフランスとの基本的相違が二つの文章に凝縮されている。第一文は、フランスを除くドイツ、イタリア、ベネルクス三国の加盟五カ国は、個々の加盟国の利益と共同体全体の利益を区別し、それぞれを尊重すべきであること、そして合理的な時間の範囲内で合意を得るべく努力することを確認している。しかしながら、他方で、加盟国の権利の保護を強硬に主張するフランスに対しては、国家の重要な利害を理由にした反対については、合理的な時間の範囲を超えれば多数決もあり得ること、フランスは永遠にはそれを主張できないと釘をさしていることである。これに対して、第二文は、フランスの要求をストレートに語っている。すなわち、閣僚理事会においては、全会一致の原則が、時間の要件に関わりなく貫徹されると考える、としている。「不同意が存在することに同意する」、というまさにギリギリの譲歩で、フランスを除く加盟五カ国はフランスに対してこの問題に終止符を打ち、かくして、ＥＥＣ設立七年後の一九六五年に迎えた危機は終息に向かう。

ちなみに、この時期のフランスとその他の五カ国との関係は、良好ではなかった。イギリス、デンマーク、ノルウェー、アイルランドのＥＦＴＡ四カ国のＥＥＣへの加盟交渉でドゴールが、一九六三年一月に理事会を無視し、一方的に記者会見で交渉を打ち切り、理事会を差し置いた形での拒否権を発動していた。これも他の五カ国の対フランス対応を厳しいものとしたのである。

ともあれ、この「ルクセンブルクの危機」は、その後はどうなったのか。前述のロジャー・ブロードらは、以下のように述べている。

「理論的には六六年以降、多数決で決めてもいい分野があるのだが、実際には主要問題では採用されたことがない」。そして、一国の重大な利害が絡む問題では、「ＥＣがその意思を加盟国に押し付けることをしないという全般的な合意があるわけである」と述べている。さらに、「政治的現実の観点からいえば、「この満場一致の原則は新しい加盟国を含めて、全ての政府が多数決への意向に同意するまで存続するであろう。その日はかなり遠いと思われる」（ロジャー・ブロード、R・J・ジャレット、前掲書）。

このように、「ルクセンブルクの妥協」の影響はかなり長期間続く、と加盟を目前にしたイギリスの専門家は見ていた。その後の展開をいえば、欧州議会によるEU予算についての監督権限は一九七〇年および一九七五年の予算条約でそれが確立し、さらに三五年後のリスボン条約では徹底したものとなった。多数決による決定については、「ルクセンブルクの妥協」が成立してから一六年後、そしてブロードらがその著書を出した一九七二年から一〇年後の一九八二年に、「ルクセンブルクの妥協」の慣行が破られることになる。

ルクセンブルクの妥協は、フランス大統領ドゴールの強い国家主義的思想に基づくものであった。もとより、ハルシュタイン率いるEEC委員会が重要問題をパッケージにして一括処理で一挙に処理しようとして、ドゴールの怒りの火に油を注ぐという戦術的な過ちを犯したといえる。理事会における多数決制度への移行の第一歩について、国家主権を盾にするドゴールの不満を過小評価していたといえる。

しかし、振り返ってみるとドゴールは、自国フランスを含め六つの加盟国政府すべてがローマ条約で取り結んだ共同体とその発展について、フランス政府自身が調印し議会が批准した条約であるにもかかわらず、それを超える形で、いわば「超法規的に」阻止しようとしたこと自体が異様なことであった。

ドゴールは後にハルシュタインとのこの「対決」について、自身の回顧録で「欧州統合の幻想」という節を設けて、振り返っている。

ハルシュタインについては、「超国家思想（la thése du super Etat）の熱烈な信奉者であり、（中略）任地ブリュッセルを共同体の首都に仕立てた。元首の風を帯び、委員を統べて、職務を分担させる。何千人もの職員を手足のように使い、その任命、配属、昇進、給与を意のままに決定する。外国大使の信任状を受け、組織推進に腐心し、事態は自分の思うままに進展すると信じ切っている」と述べた（シャルル・ドゴール『希望の回想〈第一部〉再生』）。

そしてドゴールは、EECについては、自身が復帰する前からハルシュタインが力をほしいままにしていたという認識を示し、「統合という幻想」という観点から、委員会に対しては、共同体諸機関の頂点に設けられた「自称執行機関」と蔑視し、EECについては、本来、フランス人とか、ドイツ人とかの国籍があるのに、「テクノクラートの頭が生みだした人工的な祖国（la patrie artificielle）」と表現し、「空想は私の趣味に合わぬ」とまで述べていた。

極めつきは、「欧州を連邦としたい一団の人間の言い分として、真に連邦を代表する権力がなくとも、支配、指導、統制、予算など、一国の政府に属すべき諸権限は、経済に関する限り、今後は自分たち専門家集団が握らなければならない」と思っており、国家の閣僚は、「定期的にブリュッセルに召集され、専門とする委員会の指示を受ければいいと思っている」と断定した。

また欧州議会については、権限をもたないにもかかわらず、ブリュッセルの「政府」が民主的な責任を負っているような外観を与えるために存在しているとみた（シャルル・ドゴール、前掲書）。如何に激しい嫌悪感をヨーロッパ統合を実践するEEC委員会とハルシュタインに持っていたかである。

国家が制御できるEECであるべきという見解と、他方、EECが国家主権の重要な部分である関税自主権の移譲とその管理を引き受けるべきであるという、全く違ったこの二つの思想間の対立抗争は、ヨーロッパ統合のあり方を巡り、その後も繰り返されることになる政治的抗争のドラマのプロローグをなす重大な事件であった。

第7章

単一市場・単一通貨実現への道程

――「ミスター・ヨーロッパ」ドロールの挑戦

1　停滞を破る新たな動き

前章はＥＥＣによる国家主権の侵食に怒ったドゴール、そのドゴールによるハルシュタイン委員会に対する理事会での欠席戦術（一九六五年）、そして一九六六年以降続いた「ルクセンブルクの妥協」について見た。ヨーロッパ統合は、これにより、理事会での意思決定が進まず停滞する。だが、ヨーロッパ統合は、それにもかかわらず着実にその歩を進めていった。一九七〇年代には、ヨーロッパ市民による代表民主主義をＥＵに導入することを目的とする試みがなされた。一九七六年には欧州議会選挙法を定め、加盟国の国会議員が指名されて欧州議会の議員を兼務するという「兼任の議会」をやめるべく、一九七九年に第一回直接選挙を実施した。ヨーロッパ統合における欧州議会の正統性は格段に増した。そして、一九八二年にはついに一七年続いた「ルクセンブルクの妥協」に終止符を打った。

一九八二年はローマ条約調印二五周年にあたり、記念式典が挙行された。この年の五月一八日の閣僚理事会において、「ルクセンブルクの妥協」は、破られたのである。議題は、農産物の価格の決定を行うＥＥＣの農相理事会においてであった。今度のドラマの主人公は、一方は理事会議長を務めるベルギー政府であり、他方は一九七九年の就任から四年目に入ろうとするイギリスのマーガレット・サッチャー首相であった。

第6章で触れた金丸輝男の日本国際政治学会誌における研究（金丸輝男『国際政治』）を借りながら、EECはいかにドゴールが打ち込んだ楔《くさび》を解除したのか見てみよう。

サッチャー政権がEECの政治舞台で最初に取り組んだのは、EECへの過重なイギリスの予算分担金の返還問題である。イギリスは当時農業労働者が他国と比して少なく、フランスと比べて農業の比重が極めて小さく、この時期、共通農業政策にその七割を支出するEEC予算では、同国の持ち出しが多かった。理事会では「フェアーシェア」（公平な分担）を理由に、分担金の還付を要求した。サッチャーの主張は、一面の真理を含んでいた。だが、関税同盟を形成するEUにおいては、理論的にも実際上も彼女の主張には大きな問題があった。

なぜなら、イギリスの製造業は関税同盟による広大な無関税の市場に自由にアクセスできる。他方、工業大国の市場として、産業弱者の国家では、通常ならば関税障壁を構築して自国産業を保護できる。だが、関税同盟を築いているEUのメンバーではそれも許されない。

打撃を受ける加盟国に対しては、それゆえEU予算で所得の再配分を行うことで域内の「均衡のとれた発展」を確保する。だが、広大な無関税の市場は丸取りで、負担は出した分に相応して、ということでは、サッチャーの論理は実は公平ではなかった（なお初期のEUの経済問題については、内田勝敏、清水貞俊『EC経済をみる眼新版』が優れている）。ともあれサッチャー政権は、一国の重要な利害、すなわちこの場合は、イギリスのEU予算の負担の軽減要求が関わるときには、全会一致制という「ルクセンブルクの妥協」の原則を掲げつつ、農産品価格を扱う農相理事会で、EC予算の還付問題を一括処理することを狙い、本来別個の事項の両者をリンクさせ、これを一挙に処理する戦術をとったのである。

一方では、連邦主義的統合を進めたいとするベルギーが、この年の前半を担当する理事会議長国であった。当時のベルギー外相は、名だたる統合推進派のレオ・チンデマンス。彼は、このローマ条約二五周年の年に、農相理事会での特定多数決による採決（全会一致によらない採決）を積極的に他の加盟国に働きかけたのである。それは、ルクセンブルクの妥協との決別を意味するものであった。

農相理事会では、ベルギーの議長ケールスメーカーは、EC予算と農産品価格についての提案の一括処理を拒否し、農産品の価格決定を単独に提案し、この議事進行に抵抗するイギリス農相ウォーカーの怒声の中、全会一致ではなく、多数決での議決を宣した。ドゴールが「超法規的に」ヨーロッパ統合の連邦主義的発展に対して、閣僚理事会の議決方式に打ち込んだナショナリズムの楔《くさび》である「ルクセンブルクの妥協」が破られた瞬間であった。

2 ジャック・ドロールの生い立ち

ところで、この事件から三年後、欧州委員長に就任するのが、ジャック・ドロール（Jacques Delors）である。「ミスター・ヨーロッパ」として、欧州委員会の権威を高め、国際政治におけるその存在を、ヨーロッパ統合史に残すことになる人物。ドロールはミッテランの社会党政権で、大蔵大臣として実績を挙げ、国内の首相候補の座を争う力を持っていた。この時期、後任の欧州委員長候補は、本来はドイツが出す番であった。実際、ハルシュタインが初代EEC委員長を一九六七年に退任して以降、一八年もドイツ出身者を出していなかったが、ヘルムート・コール首相（在任：一九八二年〜一九九八年）がフランスのドロールを支持した。後にドロールの「仇敵」となるサッチャー英首相も、ドロールの人選に反対しなかった（チャールズ・グラント『EUを創った男――ドロール時代十年の秘録』、原書名は、Charles Grant, *Delors: Inside the House that Jacques built*）。

ドロールの個人史を少し振り返っておこう。ジャック・ドロールは、一九二五年、敬虔なカトリック教徒の母、そしてパリ国立銀行の中級職員として勤務する父との間に、フランスに生まれた。リヒャルト・クーデンホーフ＝カレルギーが『パン・ヨーロッパ』を刊行したのが、一九二三年のことである。それゆえ、まさにパン・ヨーロッパ運動が始まる時期に生まれたのである。なおヒトラーの政権掌握が一九三三年である。

ジャック・ドロール
（1925－　）

父は第一次世界大戦期にドイツ軍との戦闘で負傷し、とどめを刺される寸前だったという。独仏の和解というのは簡単であるが、個人史の積み上げでもある。父は、この苦い個人的体験を息子ジャックにも語ったことだろう。ドロールは、ドイツがベルサイユ条約の破棄と大規模な軍拡を進め、ポーランド進撃で第二次世界大戦に突入し、一九四〇年六月のフランスの軍事的敗北とパリ占領という重要な一連の政治的情勢の中で、その青春期を過ごす。

第二次世界大戦でのフランス軍の敗北と、ヒトラーによるパリ占領はドロールの愛国心を高めたであろうことは、十分に推察される。実際、第一次世界大戦後の屈辱的なベルサイユ条約の報復として行われたドイツ国防軍の軍事パレード（占領したパリの凱旋門で行われた）は、ドラマティックに演出され、フランス人の誇りを砕くものであった。

一九四〇年六月パリ陥落後、フランス政府はポール・レノーに代わってフィリップ・ペタン元帥が首相となった。ペタン元帥は第一次世界大戦のフランスの英雄である。ちなみに、戦時内閣を指導したレノー首相は拘束され、ドイツ国内に移送。一九四五年五月にイッター城（オーストリア）で解放された。

フランスはドイツとイタリアに対して休戦協定を申し入れ、七月にフランスでは、対独協力政権がヴィシーという都市に誕生する。いわゆるヴィシー政権である。ドロールがフランスの敗北を知るのは、一四歳の年で、ドロールはその後五度もリセを移った。一九四三年一〇月、ストラスブール大学法学部に進学し、その後、ドイツでの学徒強制徴用を嫌い、パリに出て身を潜め、翌年八月の解放を待っていた。戦後は、カトリック左派の思想的影響を受けつつ、国立銀行のスタッフとして、そしてカトリック青年運動のリーダーとして頭角を現しつつ、イデオロギー的には、左派から右派、そして一九七四年に社会党に入党し、以降は銀行の実務に明るく実践的な社会党員として、ミッテランに影響を受けつつ、フランス社会党内での出世を果たしていく（Charles Grant, *ibid.*）。

3　加速化する市場統合に向けた動きとミラノでの欧州理事会

ドロールが欧州委員長に就任する頃、ドロールの母国フランスでは、ヨーロッパ統合の第一世代というべきジャン・モネはすでに世を去っていた。だが、モネ亡き後も、モネの右腕マックス・コーンスタムが、財界、政界にも影響力を持ち、「連邦主義」の灯を守っていた（チャールズ・グラント　前掲書）。そして彼のグループもドロールの助言者として機能しており、さまざまに影響を受けつつ「域内市場統合」という単一市場の形成のプランが形作られていく。

ドゴールが一九六八年五月のパリ学生紛争を機に政権を離れ引退し、ポンピドー政権となり、フランスの対応は少し緩和された。だが、ローマ条約の規定にはない「ルクセンブルクの妥協」という「政治的」合意については、その後もＥＵの意思決定を鈍らせたことは記した。

「ルクセンブルクの妥協」の政治的影響について、この章で若干補足する必要がある。ヨーロッパ共同体（ＥＣ）の意思決定の独特なシステムゆえに、その影響は深刻であった。ＥＣ／ＥＵの立法過程についていえば、立法発議権はＥＵの行政府たる欧州委員会が独占している。この構図は現在でも変わらない。しかし通常、国家にあっては議会が立法発議権も含めた立法権を行使している。だが、ＥＵでは立法発議権は欧州委員会だけに与えられている。このため、加盟国が自国の「重大な利害」がかかわる案であると欧州委員会が事前に判断すれば、ＥＵ法案提出さえ控える。これでは法案も通らず、ヨーロッパ統合の進展が不可能となる。これを問題とする欧州議会や統合推進国は、欧州委員会に対する自らの「立法発議請求権」を認めさせ、欧州委員会に対して圧力をかける手段をえた。もっとも、それは一九六五年のルクセンブルクの危機の発生から二八年後の一九九三年のことである。

ＥＥＣ委員会は、まずルクセンブルクの妥協を有名無実化し、意思決定をスムーズにする必要があった。すなわちＥＥＣの意思決定の抜本改正という制度改革、つまり多数決による議決の領域の拡大を目的とするローマ条約の改正が必要であった。しかも、ＥＵ（当時ＥＥＣ）は、一二カ国になろうとしていた。国際的な企業間競争を前にして、規制緩和の必要性がＥＵ加盟国の財界を中心に考慮され、社会党政権も硬直化した国家の規制について、労働者の経営参加を拡大しつつ、これを打破していく必要性が認識されていた。時代は、域内市場の統合を求めて動き出しつつあった。

ドロールは、一九八五年の欧州委員会において、イギリスの貴族出身で保守党有力議員の副委員長アーサー・コーフィールドと二人三脚でこの大プロジェクトに乗り出す。コーフィールド卿は、これがゆえに、「恋人をサッチャーからドロールに乗り換えた」（チャールズ・グラント）といわれるまでになる。

域内市場統合のバイブルは、「域内市場の完成に向けて」という名のＥＥＣ委員会の域内市場白書であった。しかも驚くべきことには、二九七という法案を部門別に挙げて、八年間でこれらを法制化することで、市場統合を推進するという極めて意欲的、かつ具体的なものであった。世に「九二年のＥＣ市場統合」といわれるものである。

一九九二年末までにという時間設定は、当時ＥＥＣの委員会の任期は四年であり、二期八年でこれを終えるという、ローマ条約の関税同盟の期限設定にならったものであった。

市場統合白書は、(一)国境での物理的障害の除去、(二)モノとサービスに関する貿易上の技術的障害の除去、(三)金融面での障壁の除去を打ち出していた。

敷衍《ふえん》すれば、第一では、通関書類の廃止、動植物と食品の検査は出荷国で行い、入荷国での検査は必要なし、としたことなど。第二では、モノとサービス部門での物流を促進するため、相互承認の原則を打ち出したこと。つまり、EUレベルでの安全や規格の基準をクリアしていれば、国家による自国の基準を盾にして他の加盟国の商品を排除できないというものである。また公共事業の他の加盟国への開放、銀行など金融機関の支店の自由な開設、空運・陸運の運賃の一部自由化、ECレベルでの知的所有権の保護などが盛り込まれていた。第三では、各国ごとに異なるVAT(付加価値税)の物品税の調整と、税の徴収方法の改善を提起したこと。輸出国の側で税金をとる仕組みを作るもので、国境統制を廃止するという大胆なプランも盛り込んだのである(チャールズ・グラント、前掲書)。

ミラノの欧州理事会

一九八五年、ドロールがコーフィールドとの大プロジェクトに乗り出した後、ヒト、モノ、カネ、サービスの移動を促進するためのEEC条約改正の突破口となったのは、六月のミラノでの欧州理事会である。この欧州理事会が、単一欧州議定書の締結を生むことになる。これまで開かれてきた多くの欧州理事会の中で、一九八五年のミラノの欧州理事会は特筆すべきものであり、ヨーロッパ統合史上でも最もドラマティックな理事会の一つとなった。

市場統合白書に盛られた提案の多くが、EEC条約では、全会一致が必要な事項であり、現状のままでは、一カ国でも反対すれば法案を通すことができずに、ヨーロッパ統合の推進は「絵にかいた餅」となる危険性があった。EUの市場統合とは、加盟国ごとに仕切られた「バラバラの市場」を、相互に開放していくという考え方であり、ドロール委員会の基本的考え方であった。市場統合の推進を阻むものは、EEC条約に規定された意思決定の場、つまり理事会における全会一致の壁であった。

市場統合を推進するには、理事会での多数決決定方式の多用が必要であり、それはEEC条約の改正を必要とした。そして、それが単一欧州議定書となる。単一欧州議定書は、EEC条約が一九五八年に発効して、二七年ぶりの大規模な改正条約となるものであった。

単一欧州議定書は英語表記ではSingle European Actと呼ばれている。なぜ「単一」かということだが、それは単一市場に由来するものではない。経済通貨部門での統合推進という経済通貨同盟と、外交安保を扱う「欧州政治協力」(EPC)という政治部門での統合を推進する政治同盟の同時的形成という考え方を反映していた。ちなみにEUで「政治」といえば、外交安保を指す場合がある。すなわち、政治同盟と経済同盟を「単一化」する条約を望んだのが単一欧州議定書であった。

単一市場創設を巡る理事会は一九八五年六月二八日、イタリアが輪番制の議長職を担当し、ミラノで開催された。ローマ条約の改正には、イギリス、デンマーク、ギリシャが反対していたが、ドロールが条約改正の必要性について熱弁をふるい、イタリア首相ベッティーノ・クラクシは翌日、これらの加盟国の反対を無視する形で、条約改正を前提とする政府間会議開催の提案を異例の議長采配で出した。この日の理事会は大荒れとなり、この采配については、反対国からの強い抗議が相次いだ。

これに対して、独仏を含む七カ国は協調して賛成票を投じた。これで単一市場形成に道を開くローマ条約の改正のための政府間会議の設置を決め、域内市場統合白書を実現する条約改正が進んでいく。サッチャーは反対国イギリスの首相ながら、金融市場の開放などイギリスの国益に合致する部分もあり、調印に応じた。

4　経済通貨同盟に向けた動き

物流の動きは資金の移動ももたらす。単一通貨ユーロの実現はまだ先の課題であったとはいえ、市場統合と同様に重要な課題は単一通貨であった。統合され統一されたヨーロッパを構想するとき、もっともビジブルにそれを体感できるのは通貨であろう。

市場統合を構想しドロールがそれに邁進したことは前述したが、通貨と市場が両輪として構想されていたことは論理必然的であった。単一通貨は大きな経済効果をもたらす。たとえば、単一通貨ができれば、個人も会社も通貨を交換する手数料を負担することもない。為替リスクに保険をかける必要もない。企業は、その通貨圏内では為替変動のリスクから解放される。実際、ヨーロッパの単一通貨は、ヨーロッパ人の夢でもあった。

EUにおいて通貨統合は、それ自身の歴史を持っている。ユーロ発行の基礎となっている欧州経済通貨同盟という言葉は、EUの中では、一九七〇年のウエルナー案に登場しているが、それが意味を持つのは、一五年後のドロールの時代になってからのことであった。

ドロールが欧州委員会の委員長になる六年前の一九七九年には、欧州通貨制度(European Monetary System)が導入された。これは紆余曲折を経つつ、欧州経済通貨同盟に発展・解消していく(田中素香『EMS:欧州通貨制度——欧州通貨統合の焦点』)。

サッチャーは回顧録で「政治同盟をも意味する本格的なEMU(欧州通貨同盟)」と記しているように、通貨の問題は実に政治問題であることを明確に把握していた(マーガレット・サッチャー『サッチャー回顧録——ダウニング街の日々　下』)。サッチャー首相とドロール委員長の対立は、一九八七年の単一欧州議定書の頃より顕在化していたが、通貨統合をドロールが政治日程に乗せ始めたころより、厳しくなっていた。

単一欧州議定書を導く政府間会議では、単一市場の形成と同じく外相会議で通貨同盟についても、控えめながらその推進が謳《うた》われ、後に単一欧州議定書に条文化される。すなわち、EEC条約第三部二編の「通貨に関する権能」という条文がそれである。「加盟国が、ECの発展のために、経済政策および通貨政策で接近するよう協力する」というこの簡潔な条文は、その後、一九九二年末までと設定された市場統合の成功をもって、一九九三年に発効するEU条約での、さらなる欧州通貨同盟の発展とユーロ導入の伏線となる。なお、ユーロの導入の背景を一九九〇年のドイツ統一とそれによるドイツの影響力を抑える手段であったとみる向きもあるが、一九七〇年代からの歴史をもっていたことを忘れるべきではない。

5 単一欧州議定書とその意味

一九八五年の一二月までに「政府間会議」(IGC)が終了し、一〇カ国首脳はローマ条約の改正と欧州政治協力を推進するための二つの文書に調印した。単一欧州議定書の批准過程をいえば、一二の加盟国のうち、議会での批准が一〇カ国、デンマークとアイルランドが国民投票となったが、それぞれ五六％と七〇％の賛成で、これを批准した。

最後に単一欧州議定書で何か決定されたかを紹介しておこう。単一欧州議定書の成果としては、まず第一に一九七五年からその名をもつ「欧州理事会」を初めて条約に明記したことである。第二に、理事会での特定多数決の決定事項が拡大したことである。第三に、総会と呼ばれていた欧州議会は自ら一九六三年に欧州議会と名乗っていたが、これを条約上で、欧州議会と改名した。第四は、この欧州議会が「協力手続」という立法形式を得たことである。これは特記に値する。協力手続では、欧州議会が第二読会（審議の第二段階）で議案を絶対多数で拒否すれば、今度は理事会が改めて全加盟国の合意を必要とし、加盟国が望む法案でも、議会の拒否となれば、それは致命的な影響をもつことを意味した（協力手続については、拙著『欧州議会と欧州統合――EUにおける議会制民主主義の形成と展開』参照）。

サッチャーはミラノの欧州理事会での議長職にあったイタリアについて、連邦主義の試金石としての欧州議会の権限拡大を企てる働きを批判的に以下のように述べている。

「クラクシ氏とアンドレオッチ氏は欧州議会（アセンブリー）の権限拡大を彼らの連

邦主義の原則の試金石とみなしていた。彼らは同議会に欧州理事会と〝共同決定〟する権限を与えたがっていた。そうなればECは実質的に麻痺してしまっただろう。各国政府首脳が、この未発達、未経験、往々にして無責任な機関のいうことを聞かなくてはならなくなるからである」（マーガレット・サッチャー、前掲書）。

　単一欧州議定書が獲得した第五の成果は、政治協力として別枠に置いてきた外交での協力をできるだけ統一的に推進することが決まったことである。これまでは、ヨーロッパ統合の創設者の意思とは別に、外交分野は経済組織として自己限定的に機能してきたが、最終的には単一欧州議定書の中で、外交分野も一体として明記された。これはその後にも受け継がれていく。

　この章の終わりに、単一欧州議定書とドロールに向けたサッチャーの言葉を紹介しておこう。実に怒りに満ち満ちたものであった。

「単一欧州議定書の成立に至ったヨーロッパ政治工作の二年間、私はヨーロッパ政治の運営――ヨーロッパがとりつつある姿――に大きな変化が起こっているのを目の当たりにした。独自の課題を持つ仏独連合が再び出現し、ECの方向を設定しようとしていた。常に集権化された権力を強く望んでいたEC委員会は、いまや頑強で有能なヨーロッパ連邦主義者に率いられていた。彼の哲学は中央集権制をよしとするものだった」（マーガレット・サッチャー、前掲書　傍点児玉）。

第8章

ヨーロッパ統合の拡大——ソ連崩壊の前と後

1　欧州自由貿易連合（EFTA）の盟主イギリスのEEC加盟

欧州石炭鉄鋼共同体（ECSC）加盟六カ国としてスタートしたEUだが、経済、通貨、外交、そして共同防衛まで取り込むまでになり、二〇一五年三月現在、加盟二八カ国、人口約五億一〇〇〇万人へと変貌した。EUの歴史は、EUの成功を反映した拡大の歴史である。このEUにおける加盟国の増加は、国際政治状況と連動している。その背景を振り返り整理しておこう。

ところで、欧州委員会は第三国のEU加盟について、「候補国」(candidate)、「加盟申請国」(applied)、「潜在予定国」(potential) と三つのカテゴリーを設け、対処している。

現在は、加盟候補国としては、アイスランド、マケドニア、トルコがある。また加盟申請国としては、アルバニア、モンテネグロ、セルビア。潜在的な加盟予定国としては、ボスニア・ヘルツェゴビナ、コソボがある。潜在予定国まで全て加盟するとすれば、三五となる。現下のロシアのウクライナ東部への侵出をみれば、中長期的には同国の加盟もありうる。他方、候補国のトルコのEU加盟には反対論があり、後述す

図3　EU拡大の構図（EFTAおよび旧ソ連圏などの吸収）

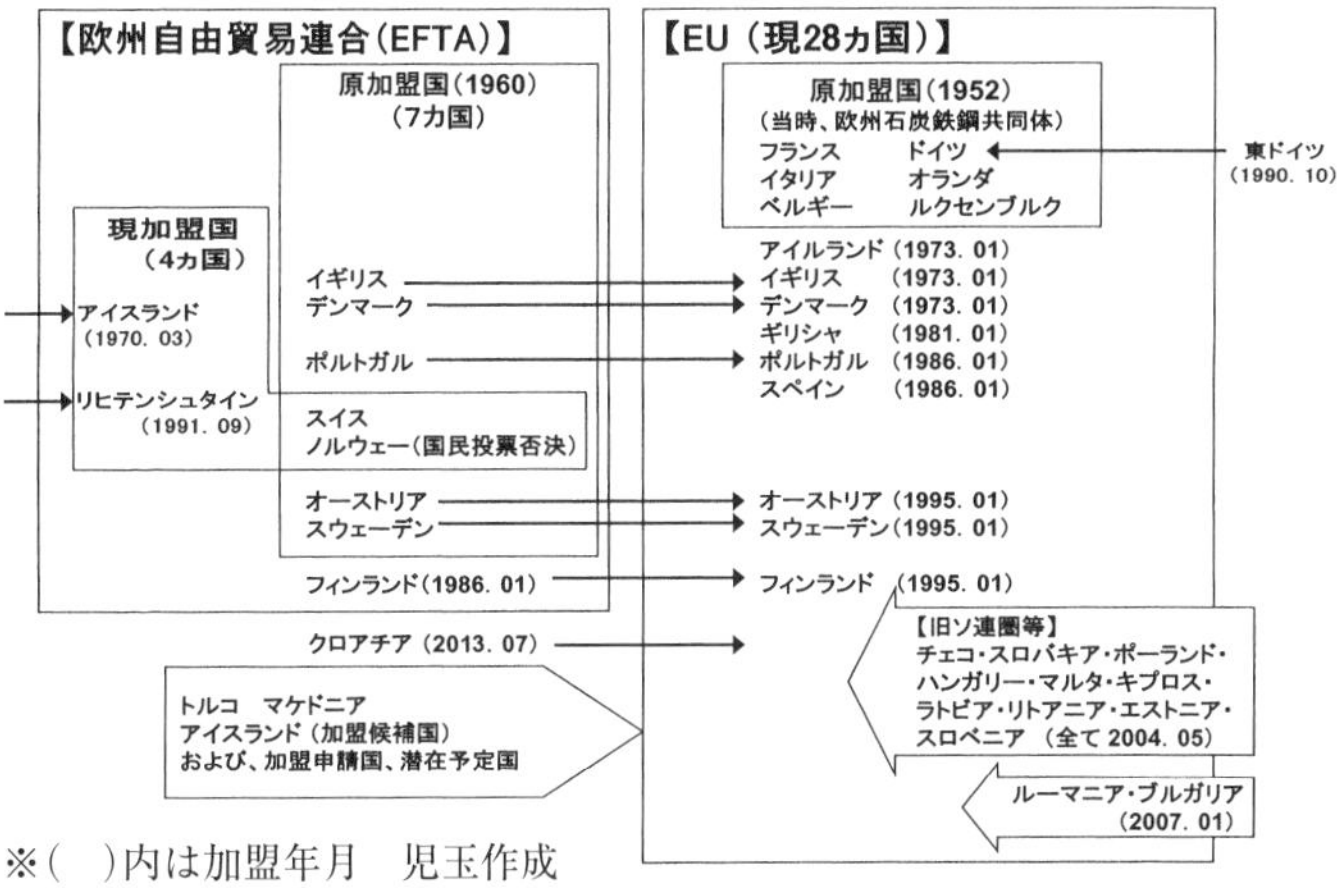

※(　)内は加盟年月　児玉作成

る。

EUは二〇〇四年には一挙に一〇の加盟国をその内に取り込むことになった。その多くは旧ソ連の下でスターリン主義的「社会主義」という抑圧的政治体制下にあった国家群であった。一〇カ国という後にも先にもない大量の国家の加盟を基軸に、EU加盟は、その前の段階と後の段階に大きく分けられる。

EU加盟国の増大はEUの用語では、「拡大」(Enlargement)という呼び方がなされる。「南への拡大」とか、「東方拡大」というように。EUは一九五二年に、フランス、ドイツ、イタリア、ベネルクス三国の六カ国をもって、その前身のECSCを創設しスタートした。その後、二一年遅れて一九七三年にイギリス、デンマーク、アイルランドが加盟した。これを第一次拡大という。それから、第二次拡大、第三次拡大と続き、二〇一三年までに七次に及ぶ拡大を経つつ、現在二八の加盟国を擁するに至る。今後もこの傾向は続くであろう。

あらゆる組織の興亡は構成員の数の増減に見られる。ヨーロッパ統合運動を否定的に見るものも、結成時から五倍近くにその加盟国を増やした事実の前に、その見解を変えずにはおられないだろう。とりわけ第二次世界大戦後、超大国として米国と渡り合ったソ連とその衛星国からなる経済相互援助会議（COMECON）やワルシャワ条約機構（WTO）が消滅したことをみると、なおさらである。

EUの「拡大」は、一見無秩序に見えながらも、国際政治の動きと密接に関わりつつ、一定の方向性がみられる。加盟国の増加を一定の角度から見ると、基本的な情景と方向性が見えてくる。大きな流れを言えば、まず欧州自由貿易連合（EFTA）からの離脱と、EUへの加盟である。EFTAはイギリスを中心として、オーストリア、スウェーデン、ノルウェー、ポルトガル、デンマーク、スイスの七カ国で一九六〇年に結成された。イギリスは、ECSCと同様に、欧州経済共同体（EEC）結成時も、自国の主権的権限の譲渡に警戒感を示して参加しなかった。それどころか自由貿易圏構想に関心を持つ国家とともに、EEC（現在のEU）に対抗してそれを囲むようにして、EFTAの形成に動いた。それゆえEFTAはアウター・セブンともいわれる。このEFTA加盟国中で最初にEEC加盟に動いたのが、EFTAの盟主であるイギリスであった。実にイギリスの対ヨーロッパ政策の動揺をみてとれる動きである。すでに記したが、ドゴールは一九六三年に記者会見で他の加盟国に諮らずに、イギリスの加盟交渉に拒否権を行使する。

ドゴールの拒否の理由はイギリスとEUの農産物の貿易構造の相違にあった。イギリスは英連邦諸国に依存し、他方、EECは生産性や国際競争力で劣る加盟各国の農業の保護のため、域外からの安価な農産品に課徴金をかけて、これを必要に応じてブロックする域内優先の共通農業政策をとっていた。イギリスの政策はEUの政策とは相いれないものがあった。実際、一九六〇年代のイギリスがEEC加盟交渉の前提として提起した条件をみればわかる。それはドゴールが簡潔に書いているように、「英連邦、欧州自由貿易連合諸国との特別な関係、及び農業面で有する大きな国益」の擁護であった（シャルル・ドゴール『希望の回想〈第一部〉再生』）。

統合組織と地域間の協力組織の相違に対する理解がわが国では十分進んでいない。たとえば、一九六七年に結成された東南アジア諸国連合（ASEAN／アセアン）がある。だが、EC／EUとの組織原理の相違は極めて大きい。「ASEAN統合」とメディアでは派手に使われる表現がある。だが、ASEANはおよそEUとは組織原理も内容も異なる組織である。ASEANは、一九六七年の設立後、五〇年近くを経ても厳密にいえば、域内の関税の相互撤廃、つまり自由貿易協定（FTA）さえ達成できていない。まして対外共通関税など論外の状況にある。主権的権限の、合意による移譲（transfer）をもって進むEUは、EEC設立からわずか一〇年余りで関税同盟を完成している。他方、ASEANは、国家間の条約というより設立宣言への署名で成立しているのである。そしてその中身といえば、ASEANが地域協力（regional cooperation）組織であり、設立宣言ではEUと対照的に相互の「内政不干渉」（non-interference）と主権の尊重が、明記されているほどである。

ASEANは設立四〇周年を記念して、二〇〇七年には、二〇一五年までに共同体の創設構想を掲げた。その具体的指針を巡っては、加盟各国の元首脳らで構成する賢人グループによる「全会一致」と「内政不干渉」の原則の見直しを盛り込んだ草案が出されたが、これに対してさえ、一部の国が「主権が侵される恐れがある」という懸念で実質的に葬られてさえいた（『毎日新聞』二〇〇七年一月一三日）。

関税同盟に限定して比較しても、ASEANは二〇一五年時点で、一九六八年に関税同盟を完成したEEC（現EU）から四七年もの開きがある。ASEANとEUを比較するものもいるが、加盟国の主権的権限の移譲や議決における多数決原理の導入、さらには欧州議会のような「ASEAN議会」の実現性を考えると、EUの統合との差は一〇〇年ほどあるということになる。比較自体が意味をなさない。

EUに戻っていえば、関税同盟の中では関税の自主的な決定権限は、すでに加盟国にはなく、EUの理事会がこれを決定する。関税自主権は国家の主権的権限として重要である。これは、不平等条約の改正が明治日本の最初の重要な外交課題であったこと、そしてその中身は、関税自主権の奪還と領事裁判権の撤廃であったことを思い出されるとよい。関税率の引き下げで難行している環太平洋経済連携協定（TPP）を想起すれば、EU統合の先進性を理解できるであろう。

EUの歴史においては、加盟国からの関税主権の自主的移譲をローマ条約に書きこみ、実際一九六八年には対外共通関税の完成も含めて、関税同盟を実現したのである。

2　中立国の加盟

EFTA各国に続く加盟の流れは、オーストリア等の中立国の加盟である。これこそ、国際政治の大変動の産物であった。米ソ冷戦が劇的な緊張緩和に向かうと、中立の理由が希薄化する。中立とは、戦争時に局外に立つことを意味する。第二次世界大戦中の中立国で、現在もEU非加盟の国家であるスイスの中立は有名である。EU加盟国でいうと、フィンランドや、スウェーデンが挙げられる。かくしてソ連の崩壊から四年を経た一九九五年には、スウェーデン、オーストリア、フィンランドも加盟を果たした。

なおオーストリアだが、一九三八年には「独墺併合」（アンシュルス）を経験した。ちなみにジュリー・アンドリュース主演の米ミュージカル映画「サウンド・オブ・ミュージック」（一九六五年）はこの時期の滅びゆくオーストリアを扱って、愛国歌エーデルワイスの歌曲とともに印象的である。オーストリアは第三帝国の崩壊とともに四分割された。その後、オーストリアは西ドイツ同様、一九五五年に主権を回復し、以降、中立国として存在してきたが、敗戦五〇年目にしてEU加盟入りを果たした。スウェーデンは第二次世界大戦時には中立国であった。フィンランドは、ソ連との長い国境線を抱え、常にソ連の脅威を感じ、「中立」ではありながら、ソ連艦艇の常駐を許すなど最大限の譲歩をみせてきた。EU加盟は、まさにソ連の圧力からの解放の千載一遇の機会と捉えられたのである。

3　EU加盟の条件

ところでEU加盟は、加盟を希望する国にとっては容易なことではない。その手続は、厳格に規定されている。一九九二年のマーストリヒト条約調印で姿を現すEUだが、ソ連崩壊後の国家の民主主義と経済復興の促進をはかるため、東欧諸国などのEU加盟の必要性を認め、一九九三年六月の欧州理事会で加盟条件を定めた「コペンハーゲン基準」を導入した。それは一九九七年に調印され二年後に発効したアムステルダム条約で規定されている。

同条約第六条一項は、EU加盟国に求められる要件として「共通の原則である自由、民主主義、人権と基本的自由の尊重、および法の支配に基づく」ことを挙げている。なにより加盟申請国は、多党制の民主主義、法の支配、市場経済などの条件をクリアする必要がある。また、同条約第四九条二項では「加盟条件と、加盟に伴うEUの基本条約との調整は申請国と加盟国間の協定とし、かつすべての締約国の憲法上の要件に従い批准される」とある。

すなわち、国際連合（国連）への加盟とはその質において異なる。国連への加盟も国連憲章第四条一項に条件が規定されているが、基本的には加盟申請国の「平和愛好国」としての義務の順守の一方的意思の表明で加盟できる。核兵器開発で制裁下にある北朝鮮も国連の加盟国であることを考えれば、国連とEUが加盟に際して課す条件の質の差異を知ることができるであろう。

EU加盟で最も重要なものが、フランス語で「アキ・コミュノテール」（aquis communautaire）、英語では a body of EU laws と呼ばれるEUの基本条約をはじめとするEU法の総体を受け入れることである。このため自国法制との調和の膨大な作業を必要とする。この過程ではEUは、欧州委員会が長い一連の加盟交渉を担当する。このEU法は認めるが、あのEU法は認めないという選択的受容は認められない。

加盟申請国はこの作業を行いつつ、EU加盟条約を締結して、これをEU加盟国と申請国の双方がそれぞれの憲法の要件に従い、批准してここに加盟が成立する。

4 旧ソ連圏東欧諸国などのEU加盟

ソ連崩壊は、「衛星国」と形容された中・東欧諸国のEU加盟をあたかも磁石が鉄を引き寄せるように促進した。一九九五年に中立主義を掲げてきた国家が加盟を果たしたのに続いて、二〇〇四年には中・東欧諸国等が加盟を果たした。ヨーロッパ統合史上、最初で最後となる大量加盟が実現した。

こうして二〇〇四年は、EUの歴史にとって画期的な年となった。一〇カ国が一度に加盟し、EU加盟国は一五カ国から一挙に二五カ国となったのである。他方、NATOにも一九九九年にポーランド、ハンガリー、チェコが、二〇〇四年にはルーマニア、スロベニア、バルト三国、ブルガリア、スロバキアが加盟した。

一九一七年のロシア革命でソビエト連邦が地上に産み落とされて以降、軍事力と異質なイデオロギーとで西ヨーロッパを圧迫し、クーデンホーフ＝カレルギーらをヨーロッパ統合運動に駆り立てる要因の一つであったソ連と「ソ連圏」という言葉が、文字通り消滅する瞬間であったといえる。

マルタやキプロスも含めた一〇カ国に遅れること三年で、ブルガリアとルーマニアが二〇〇七年に加盟した。国内の政治経済体制の整備が二〇〇四年加盟組と比べて、遅れていると判断されていたのである。二〇一三年にはクロアチアも加盟した。もとより加盟国の増大はEUの諸組織の肥大化を招く。たとえば、七八名でスタートした欧州議会は七五一議席にまで拡大した。また経済格差もこの結果、大きく拡大した。

一九六〇年当時は、復興しつつあったドイツとイタリア南部の格差は四倍程度であったが、ブルガリアの加盟直後の二〇〇八年ではルクセンブルクとブルガリアの一人当たりの国民所得は、前者が八万四八九〇ドル、後者が五四九〇ドルで、約一五対一というごとくに拡大した。

5　トルコ加盟問題とヨーロッパのアイデンティティ

EUへのトルコ加盟の可能性については、多数の論者によってさまざまに議論されている。トルコのEU加盟問題は、一九八七年にトルコがECに加盟申請し、これを取り上げることを理事会が決定した時点から始まる。少しそれを振り返ろう。

トルコとEUとの接触は、一九六三年の連合協定に遡る。関税協定などがその骨子であるが、一九七〇年には数量制限の行程表に関する議定書も調印されている。一九八〇年にはトルコの軍部クーデターで、関係は停滞する。一九八七年四月一四日、EC加盟国に関する公式のトルコ政府の申請が提出された。ただし、一九八九年には、経済状況、対ギリシャ関係、キプロス紛争などを理由に欧州委員会は、加盟国交渉に入ることを拒否している。画期的だったのは、一九九九年一二月、欧州理事会が他の加盟申請国と同等に、トルコを候補国として承認したことである。それから三年後の欧州理事会でトルコがコペンハーゲン基準を満たすことを条件に、遅滞なく加盟交渉を進めると宣言した。また二〇〇四年には欧州理事会が加盟交渉の開始を宣言した。

現在は、経済・通貨政策や、情報開示、租税、環境などの分野ごとの交渉が進んでいる。全部で三五の分野が交渉対象として進められている。交渉状況は以下のサイトでみることができる。

(http://en.wikipcdua.org/wiki/Accession_of_Turkey_to_the_European_Union)

欧州委員会とトルコ政府間の加盟交渉ではEU法が関わる三五の分野のうち三三の分野での交渉終了が加盟国の前提となる。二〇一五年現在、会社法、産業政策、対外関係の分野での調整は完了している。しかし労働者の移動や企業設置などの分では相当な努力が必要との評価があるとされている。しかし、二〇〇七年当時から見ると全般的に進みつつある。

トルコ側の問題としては、二〇〇七年当時人種差別問題、平時における死刑制度、ヨーロッパの人権裁判所で支持されてきた収監中のクルド人の再審問題、クルド語を含む多言語での公共放送と学校教育、積極的な国際機関への参加と障害の除去、警察と裁判所による拷問や不当な扱いについての防止策の導入の必要などが指摘されていた。その後、トルコ側の改善が進みつつある。

とはいえ、EUのトルコ加盟問題を考える際、あまり指摘されていないことがある。それは、欧州議会の議席数の問題である。トルコの加盟問題ではイスラムの面が強調される。だが、EUは思想や宗教の自由を強調する組織であり、内面は別として、EUがこれを加盟反対の理由にはしがたいのである。それがゆえに、EUが構築している制度の問題、つまり欧州議会の議席数の問題が重要となる。

欧州議会の議席数は加盟国の人口比をもとに、加盟国への議席配分を行っている。元来、東西ドイツの一九九一年の統一までは、英独仏伊は人口が近似し、四大国同数原則を維持してきた。だが、東西ドイツの統合により人口八二〇〇万と膨らんだドイツの議席を六〇〇〇万前後の英仏伊と同数のままにおくことの不平等を認め、その後は九九のドイツを最大として、二〇〇九年段階で英仏伊三国はすべて七二議席と人口比で配分した。二〇一四年の選挙ではさらに比例を徹底し、ドイツ九六、フランス七四、イギリス七三、イタリア七三など合計七五一で争われた。

トルコの人口は二〇一四年推定で約八〇〇〇万を超えており、イギリスやフランスを凌ぎ、欧州議会の議席は九〇議席を超え、ドイツに続く規模となる。これが何故に問題かというと、以下の理由がある。トルコの一人当たりのGDPがルーマニア程度であるところから、仮にトルコの各政党が、欧州議会で西欧諸国の政党同様、イデオロギー別に欧州政党を他国と形成しても、予算交渉となると、一種の「統一トルコ党」を形成し、国家として圧力をかけかねない恐れがある。

実際、この点は、EU加盟国の著名な知識人と政治家を集めて編集した近未来を想定した興味深い書『二〇三〇年のヨーロッパ』(*Europe 2030*)でジョナサン・ローレンスがイスラムのヘジラ紀元で西暦二〇三〇年をいう「一四五一年のヨーロッパのイスラム」と題する論文で、EU加盟の可能性を欧州議会との関連で指摘し、議席数の削減をトルコが受諾するならばEU加盟も可能と、現状での困難を示唆している(Daniel Benjamin ed., *Europe 2030*)。だが、これはトルコを特別扱いすることになり、トルコも受け入れないであろうし、それはEUの公正さからも、おそらくあり得ない。

トルコ加盟交渉の現状と困難については述べたが、EU側にも問題がある。それは、第一にEUが構築している加盟国との手続と制度の問題、第二に加盟国の国民世論の問題、第三は、ヨーロッパのアイデンティティに関わる問題がある。それをみていこう。

第一の問題は、何よりも加盟国の全会一致を必要とすること。そして欧州議会の支持という厳しいハードルをクリアする必要がある。トルコのEU加盟について最も敏感なのは、キプロス問題を抱えるギリシャだけでなく、大国として影響力の大きなフランスとドイツの対応である。

　次章で詳述するが、二〇〇二年二月、欧州憲法条約のための憲法制定会議として位置づけられるEUの将来問題検討諮問会議がフランス大統領経験者のジスカール・デスタン議長の下で開かれた。ジスカールは、トルコの加盟に反対であることを『ル・モンド』紙上で語り、トルコのEU加盟はEUの性格を変えるとして、第三の道として特別のパートナーシップの必要を語った（*Financial Times*. 25 November 2004）。

　第二の問題として、フランスのシラク大統領もトルコのEU加盟に当たっては国民投票を実施すると述べ、それはちょうど欧州憲法条約の国民投票を前にした発言で、国民の対EU観を緊張させて、結果的にこれがフランスにおける欧州憲法条約の批准承認否決を生む一因となる。その後も、フランスは厳しい対応をとっている。ニコラ・サルコジ大統領はトルコのEU加盟には反対であり、代わりに欧州の地中海沿岸国からトルコ、北アフリカまでを含む「地中海諸国連合」構想を提唱していた（AFP二〇〇七年六月二七日）。

　第三のトルコ加盟の問題としては、EUがヨーロッパのアイデンティティをどうみているかという問題もある。二〇〇七年に調印されたリスボン条約の前文は、ヨーロッパの精神や遺産ということを述べた重要な個所がある。引用しよう。

「欧州共同体の設立により企図された欧州統合の過程に新たな段階を記すことを決意

し、人間の不可侵かつ不可譲の権利、自由、民主主義、平等および法の支配という普遍的な価値を発展させた欧州の文化的、宗教的および人間的な遺産に触発され、欧州大陸の分断を終えるという歴史的な重要性、および将来の欧州を建設するための確固たる基盤を創造する必要性を想起し」（以下略）と記している（鷲江義勝編著『リスボン条約による欧州統合の新展開――EUの新基本条約』傍点児玉）。

二〇〇五年まで、ローマ法王を出していた敬虔なカトリック国ポーランドは、キリスト教という言葉のEU条約への挿入を意図したが、加盟国の反対に遭って不首尾に終わった。ここで明らかなことがいくつかある。引用文中の「欧州の文化的、宗教的および人間的な遺産」ということはキリスト教的伝統と歴史を意識していると考えられることである。

宗教と人口というトルコの加盟問題に関連し、ロシアのEU加盟にも触れておこう。あまり知られていないが、現実にロシアのEU加盟は、プーチン大統領がみずから、欧州委員長ロマーノ・プローディにロシアのEU加盟を打診した事実がある。これはオランダ紙フォルクスラント紙とのインタビューの中で、同委員長が明らかにした（ロイター電、二〇〇二年一一月二八日）。プローディはこの中で、ロシアのEU加盟の可能性を否定した。その理由はあまりに巨大であるとのことだった。なにより一億四〇〇〇万を抱える人口規模であり、EU最大の国家ドイツの一・七倍もある。現在のドイツが持つ欧州議会の九六議席を考えると一七〇議席ほどになる。EUのバランスが大きくロシアに傾くことになる。しかも二〇一四年のクリミアの一方的遍入とウクライナ東部への侵行である。

トルコもロシアも共に大きな人口をもっていることを別にしても、ヨーロッパのアイデンティティからすれば、宗教的にはヨーロッパ固有の伝統から遠いが、NATO加盟国でもあり地政学的にはヨーロッパに近いトルコ、そして宗教的には東方正教会の一部としてヨーロッパ的伝統のなかにあるが、核大国として地政学的にEUから遠いロシアという奇妙な対照が、トルコやロシアのEU加盟については存在するのである。

第9章

EU誕生への期待と対立

——「鉄の女」サッチャーの孤独な抵抗

1　市場統合、通貨統合、EU条約

この章ではマーガレット・サッチャー英首相（当時）に焦点を当てつつ、EU条約形成とその前後のヨーロッパ政治をみていこう。

愛称「マギー」、鉄の女の異名も持つイギリス保守党党首サッチャーは、一九七九年五月にジェームズ・キャラハンの労働党から政権を奪還し、一九九〇年一一月二八日まで、実に一一年半にわたり、イギリスの政治をリードした。この間、ヨーロッパ統合を進めるドイツのヘルムート・コール首相、そしてドゴールに匹敵する人気を誇るフランスのフランソワ・ミッテラン大統領、そして欧州委員長でフランス出身のジャック・ドロールなどを相手に、EU政治の舞台で渡り合った。

本書のテーマであるEUは、設立条約の合意成立が一九九一年一二月九日で、翌九二年二月七日に調印、一九九三年一一月一日に発効した。EU条約では「経済通貨同盟」（Economic and Monetary Union）と「政治同盟」（Political Union）の二つの政府間会議が開催され、それを統合した「ヨーロッパ同盟」（European Union）という名称の組織の形成となる。

ＥＵ条約のことでいえば、サッチャー政権自体は、ＥＵ条約に加盟国政府が基本合意をする一年前に政権の幕を下ろし、ジョン・メージャー首相に交代した。それゆえ、彼女は、マーストリヒト条約（ＥＵ条約）形成の全過程に関わったわけではなかった。しかしながら、国家に高い価値をおくサッチャー女史が、ＥＵが創設される政治過程で異議を唱えたことの全てが、ＥＵの政治的性格をナショナリストの側から言い当てており、ＥＵとは何か、ヨーロッパ統合とは何かをみる際に、逆に極めて参考になる。

この間の政治過程をいえば、一九八九年一一月のベルリンの壁の崩壊があり、一九九〇年八月にはサダム・フセインのイラクによるクウェート侵略（翌一月に湾岸戦争に発展）があり、一〇月のドイツ統一があり、一九九一年一二月のソ連崩壊と、民主化され始めた東欧諸国のＥＵ加盟問題があった。この間のヨーロッパ統合を巡る政治は、ドロール欧州委員長とサッチャー英首相を軸としつつ、各国入り乱れての、国家の利害のぶつかり合いがあり、それぞれ複雑な思惑を秘めＥＵ創設の過程が進む。

イギリスでサッチャー政権が成立するのは、一九七九年のことである。ＥＵの政治舞台上で激しく対立することになるフランス出身のドロールは、一九八五年にＥＣ委員長となり、ＥＵの直接の当事者として政治の舞台に登場する。サッチャーとドロールは生年が奇しくも同じ。三カ月ほどドロールが早く生まれているが、サッチャーは欧州政治における先輩としてドロールと相対することになる。

2 サッチャーの生い立ちと業績

マーガレット・サッチャー
(1925 – 2013)

ところで、「鉄の女」ことマーガレット・サッチャーは、イングランドの地方都市に生まれ、オックスフォード大学に進学し、化学を専攻。その後、彼女は法廷弁護士の資格を得て、一九五九年に政界入りする。一九七〇年には教育科学担当相に就任。皮肉にも、彼女をそのポストに就任させるのは、エドワード・ヒース首相であった。皮肉というのは、ヒースこそが一九六〇年代をとおしてEEC加盟交渉のイギリス側担当者であり、最終的に自らが首相となり、一九七三年にEECに加盟させる政治家である。ヒース首相は、サッチャーとは正反対ともいうべく、イギリス政界きってのヨーロッパ統合支持者であった。

さてサッチャーは、国内政治で、国有化を掲げる古い労働党の政権と対峙し、新自由主義を掲げ、米国のレーガン大統領との協調路線をとり、産業の刷新に努めた。この間、フォークランド戦争では、男性閣僚を鼓舞し、戦争を指導した。他方、労働党の側からは、大規模な組合対策を断行し、大量の失業者を出したとの強い批判もあった。ちなみに、イギリス映画「ブラス」（一九九六年）は、閉山に追いやられた炭鉱夫らによるブラスバンド活動を通して、労働者の視点からサッチャー時代の政治を扱っており、この時期にサッチャーが断行した政治改革の負の面をみることができる。

他方、EU政治では、一二年に及ぶ長期政権の間、ずっと懐疑的に、そして最後には憎悪にも似た感情を持ち、単一欧州議定書やEU設立条約というヨーロッパ統合の深化の政治過程で、国家主権の擁護者として徹底して対決姿勢をとる。

3 ブルージュ演説

サッチャーは、政権成立以降、一九六〇年代に「ルクセンブルクの危機」でみせたフランス大統領シャルル・ドゴールと極めて近似した役割をEUの政治過程で演じることになる。

サッチャーは、自由主義者として、ドロールの掲げた市場統合政策はこれを支持し、実現することに手を貸した。しかし市場の統合を超えて、通貨の統合や外交安保の局面での統合となると、彼女の許容の限度を超えたテーマであった。

国家の主権的権限の核心部分には、通貨と軍事がある。通貨は国家の最も重要な権限である徴税の権限とも直結している。他方、数百万人単位で、自国民に「血」と「死」さえも求める権能が軍事である。通貨と軍事部門は近代国家が独占的、排他的に行使する主権的権限であり、国家が上位組織へその権限を明確に譲渡することは、欧州連邦の形成を意味する。

単一通貨についていえば、ドイツ・マルクやフランス・フランなど加盟国が長年親しんだ通貨を廃して創出される通貨である。ユーロ圏では、公定歩合も通貨の発給量もすべて、EUレベルでの決定を必要とし、欧州中央銀行制度の中で、加盟国はその持ち分に応じた権限を行使するに過ぎない。彼女は、回顧録で「政治同盟をも意味する本格的なEMU(欧州通貨同盟)」と記し、通貨の問題は、実に政治問題であることを明確に把握していた(マーガレット・サッチャー『サッチャー回顧録——ダウニング街の日々　下』)。

近代国家の長い歴史を持つ国家が、マルクとかフランとか、歴史も実績もある自国の通貨を放棄し、単一通貨を導入することは、まさしく連邦国家形成というべき画期的出来事である。事実、ソ連を構成していたロシアを除く一四の共和国は、ソ連解体とともに直ちにルーブルを離脱し、ベラルーシも含め、自国の通貨を創出した。通貨創出は、国家としてのシンボルを創造し、自らのアイデンティティを宣明する行為であった。

一九八八年はヨーロッパ統合における一大転機である。

ドロール欧州委員会が、市場統合の目的を労働者の保護を目的とする社会政策と通貨統合に変じた時であった。この間、サッチャーは、ECを通して進む連邦主義的なヨーロッパ統合にたいする不満を募らせ、その反撃の機会を窺っていた。

「市場統合」を軌道に乗せて意気上がるドロールは、一九八八年七月、欧州議会で重要な演説をする。彼は、ある種のヨーロッパ政府のスタートがない限り、今から一九九五年までの間に必要とされるすべての決定を下すことができないとし、「一〇年もすれば、経済の立法の八〇%、そしておそらく税金や社会関係の立法も、ECが行うことになるだろう」と予測し、一九九五年までに欧州政府を作るべきだ、と語った（チャールズ・グラント『EUを創った男――ドロール時代十年の秘録』）。つまり、EUは、中期的には各国政府とは別に、EU自身の「経済政府」（Economic Government）を必要とするというのであった。この刺激的な発言をうけて、サッチャーはドロールに対しその批判の火ぶたを切る。それがブルージュ演説である。

演説の場所はベルギーのブルージュにある欧州大学院大学（College of Europe）。時は一九八八年九月二〇日。

欧州大学院大学はヨーロッパ統合推進の知的シンボルとして知られ、開講式には加盟国元首が持ち回りで記念演説をするEU高級官僚養成校で、EU研究を専門とする大学院である。すなわち、ここでの発言は当然、全ヨーロッパに広がっていくことをサッチャーは十分意識してのことで、満を持しての演説であった。非常によく準備された草稿で、単語数三五〇〇語の演説であった（http://www.margaretthatcher.org/document/107332）。

「私のヨーロッパに関する発言や書いたものを知る者たちには、すでに承知のことだろうが、私にヨーロッパを語らせるのは、ジンギスカンを招いて平和共存の美徳を語らせるようなものである」。ヨーロッパ統合のシンボルである欧州大学院大学でのこの言葉は、実に挑戦的なものであった。続けて、イギリスがローマ帝国の一部として存在し、文化遺産を受けついでいること、数世紀にわたり、欧州大陸の迫害者を受け入れてきたこと、現代では第一次世界大戦でベルギーの地には一二万もの英国軍将兵が眠っていること、第二次世界大戦ではヨーロッパ各地のレジスタンス運動で果たしたイギリスの役割を強調しつつ、ヨーロッパのアイデンティティについて触れていく。

サッチャーは、ヨーロッパはローマ条約の創造物ではない、ヨーロッパ的思想はまだしていかなる集団や機関の所有物でもないとし、確かにECはヨーロッパのアイデンティティの一つの現れであるが、それだけがヨーロッパのアイデンティティではないこと、さらに、ECはそれ自身が目的でないとする。また、アメリカを自由の保護者とするよう支援するのも、ヨーロッパの価値であると述べた。

そしてヨーロッパの将来については、狭隘な心の、内向きのクラブでは決してヨーロッパは繁栄しなかったし、これからも繁栄することはないとする。さらにECについては、「ある種の抽象的な知的概念の強制に従い、継続的に修正されていく制度的な装置」とも述べる。また、自身が確信する将来のヨーロッパの指針を、五つに分けて述べていく。第一が主権国家（Sovereign States）間の同意による協力、第二が改革の促進、第三が企業へ開放されたヨーロッパ、第四が世界に開かれたヨーロッパ、第五がヨーロッパの防衛と続けている。とりわけ彼女の対EC姿勢を物語るものは第一の主権国家であるが、サッチャーは以下のように語る。

独立した主権国家間の意思による積極的な協力がEC建設を成功させる最上の方法であり、フランスはフランスとして、スペインはスペインとして、イギリスはイギリスとして、それぞれが自国の慣習、伝統やアイデンティティがあり、それで強力になり得ると述べ、「ある種のモンタージュ写真に合成されたヨーロッパの人格にあわせていくのは馬鹿げている」とした。

この演説は、彼女が事前に計算したとおり世界に配信され、大きな反響を呼んだ。イギリス国内では、EU懐疑派がオックスフォード大学に「ブルージュ・グループ」を形成し、一九九〇年代には、EU懐疑派のイギリス独立党（UKIP）の形成などの反EUの政治運動に影響を及ぼしていく。

4　ドイツ統一、ソ連崩壊、政府間会議とマーストリヒト条約発効まで

　ブルージュ演説から一年もせずに、ヨーロッパは大激変を迎える。ハンガリー領ショプロンからオーストリアを経由し、東ドイツの市民が大量に西ドイツに脱出する「ヨーロッパ・ピクニック計画」（一九八九年八月一九日）を直接的な契機として、ベルリンの壁の崩壊（同年一一月九日）を迎え、翌一九九〇年一〇月三日の東ドイツの西ドイツへの編入という形での東西ドイツの再統一と東欧諸国の民主化、さらにはEU加盟の動きを加速した。

　ブルージュ演説以降のサッチャー女史の対EC認識を追ってみよう。ソ連崩壊の時期にECレベルで起きていたことについて、『サッチャー回顧録――ダウニング街の日々　下』に以下のように記している。

「ソ連のように中央からすべてを支配しようとしたような国が、成功とは権力や決定権を中央から分散することにかかっていることを学んでいる時に、その逆方向に進むことを望んでいるような人がECのなかにいることは、皮肉です。私たちはイギリスで、国家による介入を撃退することに成功しましたが、ブリュッセルから新しい支配

力を行使する新しいヨーロッパ超国家によって、それを全ヨーロッパレベルで再び押し付けられるとは思っていませんでした」。

もとよりこれはEC委員会のドロールを意識したものであった。彼女にとって、ECはいまや国家を抑圧する対象として映るようになっていた。一九九〇年前半、EU条約がその形を現わしつつあったこの時期、サッチャーの焦燥感は強く、経済通貨同盟に加えて政治同盟の両面で進む連邦主義的なヨーロッパ統合構想について、次のように語っていた。

「いまや政治同盟が通貨同盟とともにもくろまれていた。ある意味ではこうなるのは必然であった。単一の通貨と単一の経済政策は結果的には単一の政府を意味する」。

サッチャーは、フランスもドイツも、同じ連邦主義のヨーロッパ統合構想を進めているが、ドイツとフランスでは立場が違うとみていた。フランスは、本来的には欧州委員会や欧州議会の権限が強化されることは望んでいないが、理事会でさらに多数決を多用することで、ドイツを抑え込むという、政略的な理由から、連邦主義を採用しているとみていた。

一九九〇年四月、ベルリンの壁の崩壊を受けて、東欧諸国がソ連の「衛星」であることを拒否し、民主的政権を樹立し始め、EC加盟が政治課題に乗り始めた時、同時に独仏の協調による政治同盟の推進が求められた。アイルランドのダブリンでの理事会を前にして、ミッテラン仏大統領とコール独首相は、政治同盟を進める政府間会議を求める共同声明を出した。このダブリンでの欧州理事会で、統一後の東ドイツ地域のEC加盟を承認し、一九九二年末までに政治統合へ向けてローマ条約を改正することが決定された。

これに対し、サッチャー首相は、政治同盟がEUを構成する国家のアイデンティティを失わせる危険性を念頭に置きつつ、理事会で自らの立場を明確に表明した。「われわれには国の議会を抑制する意図はない。欧州議会は各国の議会を犠牲にした役割を果たしてはならない。国々の選挙制度を変えるつもりもない。閣僚理事会の役割を変えるわけでもない。政治同盟が各国の政府や議会を犠牲にし、ヨーロッパにおける権力の一層の集中を意味してはならない。NATOの役割の弱体化があってはならないし、外交政策の協調を各国が独自の外交政策を行う権利の制限にしてしまってはならない」。

ドイツの対EU外交の基本方針と、迫り来るドイツ統一についてサッチャーは、大略以下のように述べた。

ドイツは連邦化されたヨーロッパに置かれるべきとドイツ人は思っているが、それは間違っている。ドイツはヨーロッパの枠のなかで周囲を圧倒する可能性がむしろ大きい。米国のヨーロッパへの関与が必要であり、英仏という二大主権国家の緊密な連携の維持こそが、ドイツに対しバランスをとりうる方策である。超国家的EUでは、これは不可能である。

そしてサッチャーは、ドイツに対抗するため英仏の「協商」(entente）の必要を述べた。さらにドゴールの「いくつもの祖国からなるヨーロッパ」に回帰する政策選択も英首相にはあるとさえ述べた。サッチャーはなんと第一次世界大戦前の「協商」という言葉を使用し、ドゴールの再来というべくも、主権国家による「勢力の均衡」による大陸ヨーロッパの平和の維持が最善という認識を示していた。

サッチャーは凄惨な二度の世界大戦と、ファシズムとナチズムが跋扈《ばっこ》する戦時下の大陸諸国の体験、そこから発した大陸ヨーロッパの統合の歴史とは無縁であるかのようであった。ここにイギリスと大陸諸国とのヨーロッパ統合にたいする基本的な姿勢と距離の差をみるのである。

ちなみに、イギリスにおける連邦主義にたいする一般の反応は第13章でもみるが、実にネガティブである。イギリスの知性の一方を代表するフェデラル・トラストのジョン・ピンダーは一九三〇年代に高揚したイギリスにおける連邦主義への接近を、イギリス国民は忘却しているとして、イギリスの知的状況を「集団的記憶喪失」(collective amnesia) と形容している (*Federal Idea: The History of Federalism since 1945.* Vol II.)。

ドイツ人の悲願であったドイツ再統一についても、むしろ分離したままの民主的な東ドイツを希望し、ドイツの再統一は別個の問題と理解し、他国の利益や願望が十分に配慮されるべきであると述べて、冷徹な国家利益の観点で見ていた。サッチャーは、最後の政治舞台となったローマでの一〇月二七日〜二八日の欧州理事会について、下院で説明を求められ、以下のように言い放った。

「欧州議会がヨーロッパの下院になり、EC委員会がその行政府になり、閣僚理事会がその上院になるような連邦ヨーロッパに関するドロール氏の考え方を力を込めて拒絶した。『ノー、ノー、ノー』だった」（傍点児玉）。

一九九三年に映像化され広く視聴されたBBCの番組、The Downing Street Years（BBC TV Series）で、政権の中枢にいたジェフリー・ハウは、サッチャーの発言は友人であるべき大陸のパートナーに対して、「あたかも敵を相手にするようだった」と語る程の険しさであった。

サッチャーは、マーストリヒト条約を生むことになる政治同盟と、通貨同盟の条約策定のための政府間会議を決める一九九〇年一〇月に引き続いて、同じローマで行われた一二月の歴史的な欧州理事会を前に、保守党の党首選での再選を断念し、引退を表明した。一一年に及ぶ在任に終止符を打ち、一一月二八日に政治の表舞台を失意のうちに去ることになる。

5　ＥＵ条約の二つ争点――方向性とＥＵの基本構造

一九九一年一二月九日〜一〇日のオランダのマーストリヒトでの欧州理事会で合意形成が図られ、一九九二年二月七日の外相理事会で一二の加盟国政府はすべてＥＵ条約に調印した。ＥＵ条約交渉の過程で最も重要な議論の一つは、やはりＥＵが目的とするその方向、つまり政治構造としての連邦制を強めるかを巡る点にあった。

政府間会議では、議長国ルクセンブルクは不思議な名の「ノン・ペーパー」という条約案文を提出。合意形成の作業が始まる。争点は多数あったが、二つを紹介しよう。第一はＥＵの方向性を巡る議論である。ＥＵは連合なのか連邦を志向していく組織か、ということであった。第二は、ＥＵは経済事項と外交安保そして司法内務（警察）協力という領域をどのように運営していくのか、すなわち統治の基本構造に関わる論争であった。

議長国のルクセンブルクは小国で、大国の意向や全体のバランスにも敏感にならざるを得ないがゆえに、理事会事務局が手を貸したとされるノン・ペーパー案では、ヨーロッパ統合の新たな組織は国家連合であるとする勢力から、ＥＵの方向性については、「限りなく密接な連合」（ever closer association）が提示された。まさに欧州連合としてのEU像を示した。

しかし、欧州委員会と欧州議会は、EUを「連合」（association）としてとらえるこの考えに強く反発した。これをヨーロッパ統合の後退とみる勢力からの巻き返しで、一九五七年のEEC条約前文で採用されて以降、現在まで使用されている「限りなく密接な同盟」（ever closer union）の文言に戻された（Richard Corbett, *The Treaty of Maastricht.* 強調部分と傍点児玉）。

しかもEUの方向性については、オランダは「この条約は連邦を目的とする同盟に漸次的に導く過程において新たな段階を画す」（The treaty marks a new stage in a process leading gradually to a Union with a federal goal）と、「連邦的な同盟」と明確に書きこんだ（Richard Corbett, *ibid.* 強調部分は児玉）。

ちなみにオランダ案のこの文章を「連邦を目的とする連合」と訳せば、全くの意味不明となる。EU創設に邁進した欧州の指導者は、邦語訳としてEUに当てられる「欧州連合」の表記を否定する動きをしており、ヨーロッパ統合の歴史叙述では、全く不適切な訳語となる。ヨーロッパ統合の本流をなす政治指導者の思想と行動は、「欧州連合」を創るものではなかったことは、これまで見てきた通りであり、ヨーロッパ統合の指導者の多くの言葉からも理解されるであろう。実際、EUを「欧州連合」とすれば、連邦派と連合派のEUの方向性を巡る激しい闘いがまるで理解できなくなるのである。

第二の重要な論点であるＥＵの統治の基本構造については、ルクセンブルク案では、ＥＵの基礎として明確な三つの柱を立てた。つまりＥＣ事項、政府とＥＵが所管する司法内務協力、そして国家の主権下にある外交安保の領域の三つの柱を並列におき、ＥＵを三つの柱がそれぞれに支えるという基本構造（ギリシャ神殿の列柱に例えられる）を明確にした。ＥＣが扱う経済領域の柱（ＥＣ事項）と、国家の協力の領域の柱を区別するものであった。

しかし一九九一年の後半をＥＣの議長国として担当したオランダ政府は、イギリスが支持するルクセンブルク案を完全に無視して、三つの列柱方式を大きく崩した案を提示した。ＥＵの統治の基本構造も政府間会議で重要な議題であったが、理解しておくべきは、オランダ案に近い方式がＥＵ条約の最終形態として採用されたことである。

イギリスは、政府間会議の過程で、オランダ案に残っていたＥＵの方向性についての上述の「連邦を目的として」（with a federal goal）という表現を削除するのに成功し、ＥＵの連邦化を押しとどめ、外交上の勝利を収めたと胸を張った。だが、イギリスの「勝利」は、限定的であった。実際、外交安保問題に欧州委員会が関与する道が開かれたことは、その表れであった（条約制定の経緯は、金丸輝男編『ＥＵとは何か』）。

そして一五年後のリスボン条約では、国家が政府間協力で進めるとした外交安保の柱も取り払われ、全会一致を残しつつもＥＵが一元的に、一体としてこれに取り組むことになった。

ＥＵ条約では、環境政策でも、社会政策（イギリスを除く一一カ国）の分野でも、理事会での多数決の適用範囲の拡大が決まった。教育、職業訓練、健康、欧州横断ネットワーク（交通インフラ整備）の新たな政策領域でも、多数決の適用範囲が拡大した。さらに欧州議会は、欧州委員会がもつ立法発議権にたいし、立法発議請求権を獲得し、理事会と欧州議会が同格の地位をもつ「共同決定手続」も一部の政策領域で獲得し、立法府としての議会としての機能を強化した。

かくして、サッチャーの主張は、その多くが退けられる形で、ＥＵ条約を生む政府間会議は幕を閉じたのである。

サッチャーは一九九〇年末に失意のうちに首相を辞め、首相経験者の慣例として一代貴族の男爵（baroness）として貴族院に移籍、二〇一三年四月に毀誉褒貶《きよほうへん》に満ちたその人生の幕を下ろした。なお生前、メリル・ストリープがサッチャーを演じた二〇一二年の英映画「マーガレット・サッチャー　鉄の女の涙」（原題：*The Iron Lady*）が公開され、その事績の一端を知ることができる。

第10章

欧州憲法条約をめぐる思惑と挫折

――ジスカール・デスタンの得意と失意

1 欧州憲法条約の背景

ドイツ、フランス、イタリアなど統合推進国は、二〇〇〇年に入り、「憲法」という言葉を持っ新条約の策定に乗り出す。欧州憲法条約（Treaty Establishing a Constitution for Europe）がそれである。未完、幻に終わったこの条約を語ることの意味と理由は何だろうか。これがこの章のテーマとなる。

その理由は、欧州憲法条約は、一九九三年発効のEU条約以降に発効したどの条約にもまして、大きな影響をこの後のヨーロッパ統合の歴史に与えたことに尽きる。現行のEU条約であるリスボン条約にその条文の多くが受け継がれているからである。リスボン条約を語るには、欧州憲法条約を語る必要がある。

欧州憲法条約とはいかなる内容をもっていたのだろうか。そしてなぜこの条約を必要としたのであろうか。国家のごとく、EU条約に「欧州憲法」（a Constitution for Europe）のタイトルにもたせる動きは、文字通り、一六四八年のウエストファリア条約で知られる近代の国民国家によって形成された国際関係に新たな時代を画すというほどにも斬新であった。この欧州憲法条約策定に向けた動きの背景は、単純化していえば、（一）ＥＵ諸条約の簡素化、（二）組織の効率化、（三）ＥＵ全体の民主化の三点が挙げられる。

第一は、一九五八年発効の欧州経済共同体条約（ＥＥＣ条約）に遡らずとも、一九九三年発効のＥＵ条約（マーストリヒト条約）をみても、それはツギハギだらけとなっていた。これをすっきりとしたものにする必要に迫られていた。

ちなみにＥＵの条約改正は、削除（delete）と挿入（insert）という方式で行われる。たとえば、ＥＵ条約の中にXという条文がある。これを削除し、あるいは改正し、別の条文Yを挿入するというごとく。それを元の条約に当てはめ、綺麗に整序した条約の「統合版」（consolidated version）が別途必要となる。第一次ＥＵ改正条約である一九九九年発効のアムステルダム条約や二〇〇三年のニース条約で、この繰り返しを行ってきたのだが、ここでツギハギのＥＵ条約を整理し、簡素化し、五〇年の耐用性のある条約を、という強い願望が背景にあったのである。

第二に、加盟国の増加に伴うヨーロッパ統合組織の肥大化と組織の簡素化の要求である。欧州石炭鉄鋼共同体（ＥＣＳＣ）やＥＥＣがスタートした時の加盟国は六カ国であった。だが後述する二〇〇二年のコンベンション開催時には、一五カ国。そして二〇〇四年一〇月の欧州憲法条約調印時では二五カ国が加盟国となっていた。加盟国が三〇カ国ともなれば、意思決定を簡素化しておかないと機能マヒを起こす。ＥＵは、二一世紀を迎えてますます複雑化し、困難となる国際政治経済の舞台で立ち行かなくなる。その危機感を反映するものであった。たとえば、閣僚理事会や最高意思決定機関である欧州理事会での議長職は六カ月を期間として登録した自国名のアルファベット順に従い、輪番制で担当していた。加盟国が三〇カ国ともなると、理事会議長国は、一五年に一度しか回ってこない。しかも、現行でも六カ月では担当期間が短いので前、現、次の三議長国のいわゆるトロイカ方式で議長職を務め、議事のスムーズな進行を確保してきた。少なくとも欧州理事会では、より安定した常設議長職を設ける必要が痛感されていた。

第三は、EUレベルでの民主主義順守規定の必要性と民主主義の強化が一層求められていたことにある。一方で、選挙で選出される代表により実践される代表民主主義を体現する国家にあって、その主権的権限がEUに大規模に譲渡されるや、EUにはそれに代わる民主主義の正統性があるのかということが、厳しく問われつつあった。すなわち、権限拡大に伴うこのヨーロッパ統合組織の透明性や、説明責任、そして人権規定の強化の必要があった。すでに一九八〇年代中期には、EUの権限拡大に伴い十分な民主主義が組織内に確立されていない状況が「民主主義の赤字」という言葉で語られていた。EUの意思決定における国内議会の関与も不十分とされてきた。ドゴールやサッチャーのEC／EU批判はまさにこれらに発していた。EUの制度改革の必要性は焦眉の急であった。

かくして、少なくとも二一世紀の五〇年間は耐用性のあるヨーロッパ統合組織の設計書として、欧州憲法条約を策定することになった。二〇〇一年一二月、ベルギーのラーケン王宮で開かれた欧州理事会は「ヨーロッパの将来に関する諮問会議」を開催することを決定したのである。

2 ジスカール・デスタン議長の「ヨーロッパの将来に関する諮問会議」

ジスカール・デスタン
(1926－　)

欧州憲法条約の主役はヴァレリー・ジスカール・デスタン（Valery Giscard d'Estaing）元フランス大統領である。ベルギーの欧州理事会で、「ヨーロッパの将来に関する諮問会議」の開催を決めたことに基づき、二〇〇二年二月、同氏が議長となり、その作業に着手する。副議長はイタリアのジュリアーノ・アマートとベルギーのジャン・リュック・デハーネという首相経験者が就任した。

英有力紙『フィナンシャル・タイムズ』は、この会議について二〇〇二年二月二五日付で「高齢の国家指導者の任務」（elder stateman's brief）と題し、大きく扱った。「人は七六歳ともなれば、静かな余生を望むが、ヴァレリーはそうではない」の書き出しの興味深い記事であった。カツラをかぶり、時代がかった装束で、羽のペンでシールのついた文書に調印する議長、ジスカールの大きなイラストを付けていた。この記事はアメリカ合衆国の憲法制定の一七八七年のフィラデルフィアでの憲法制定会議を念頭におき、八一歳で同会議の議長を務めたベンジャミン・フランクリンに擬したものであった。

ジスカールの諮問会議は八カ月の協議を経て、同議長は草案を加盟国政府に提示した。これは単に諮問会議の報告書というだけでなく、政府間会議の条約草案の基礎となる位置づけをもった文書であった。

ところでジスカール・デスタンは一九二六年二月二日生まれ。二〇一五年一月現在で八九歳を迎えようとしている。一九七四年五月から一九八一年五月まで七年にわたり、フランス大統領職を務めた。四三歳で経済金融担当大臣に就任し、四八歳でフランスの大統領に就任する。彼の下で首相を務めるのが、後に大統領となるジャック・シラクである。エコール・ポリテクニクを経て、高級公務員養成校ＥＮＡ（高等行政学院）に学んだエリートである。そのジスカールが再びヨーロッパの政治舞台に登場したのである。

彼は、あまりに早く政治家として最高の地位に昇り詰めたため、その後、一四年のミッテラン時代があり、さらにシラクがミッテランの後を襲い大統領職に就き、自身の退任後二〇年以上が経過し、人々はジスカールとその時代のことをほぼ忘れていたのである。それゆえＥＵ政治の場に諮問会議議長として登場したことは、世間に驚きをもって迎えられたのだった。

ところで欧州憲法条約を生む過程で「コンベンション」という諮問会議方式が採られたことは斬新で、重要である。それまでの条約改正といえば、「賢人」と呼ばれる専門家、あるいは職業外交官たちによる加盟国代表者の会議で草案を詰め、それを受けて政府間会議で詰め、欧州理事会で最終決定するという方法で、透明性を欠き、一般人には遠い存在であった。

諮問会議の参加者は、加盟国政府の代表だけでなく、EUの諸機関の代表、加盟予定国の代表も議決権のない代表として参加していた。実際、コンベンションの参加者は、加盟国政府一五名、加盟国議会三〇名、欧州議会一六名、欧州委員会二名の合計六三名、加盟候補国他の委員など、総計一〇五名にものぼった。

この諮問会議が重要なのは、そこで打ち出される草案は、実際に必要とされる次の政府間会議に必要とされる草案となることも事前に決められていた。すなわち、その草案は単なる外部機関の勧告ではなく、不完全ではあるが法文として条文構成をもち、政府間会議では、会議の素案という重みをもって、政府間会議に提出されたのである。その後、政府間会議で、詳細が検討され、二〇〇四年一〇月に欧州憲法条約は調印式を迎えた。

ところで、この欧州憲法条約の実現にむけた統合推進勢力の意志の強さには驚かされる。なによりその審議日程をみれば、理解できる。すなわち、第二次EU改正条約であるニース条約（二〇〇一年二月調印）の批准が終わりもしないうちに、つまり、全EU加盟国の中で唯一実施されたアイルランドでのニース条約批准に関する国民投票で、二〇〇一年六月に否決されたにもかかわらず、さらには第二次国民投票（二〇〇二年一〇月）と、二〇〇三年二月のニース条約の発効も待たずに、欧州理事会は、次なる条約改正の準備のための諮問会議を二〇〇一年末に始めることを決定した事実を記しておく必要がある。この動きは、アイルランドや、外部のEUウォッチャーからすれば、ニース条約批准での国民投票の結果を待たないでいいのかと疑問をもたせるほどの性急さであった。

3　欧州憲法条約の内容

二〇〇四年一〇月に、二五の加盟国をもって調印された欧州憲法条約の中身を簡単に解説すれば以下のようになる。

まずこの条約の表記に象徴されるように、国家を想定させる「憲法」条約という位置づけを得たことである。国家にあっては統治の基本法として、あるいは国家の最高法規として憲法がある。「憲法なき国家は存在しない」とまでいわれ、国家の構造の性格は憲法をみればわかる。憲法という最高法規をもつEUの各加盟国が「憲法」という名を盛り込んだ条約に調印したことが注目される。ちなみに欧州委員長ジャック・ドロールは、憲法という表記には消極的であった。「連邦」の表現でさえそうで、一九九〇年に初めてそれを使用している(チャールズ・グラント『EUを創った男―ドロール時代十年の秘録』)。国家主義者をいたずらに刺激し、反対を招くことを恐れたからである。その意味では、「結果においての欧州連邦」形成の実質を得ていくジャン・モネの考えに通じるところがある。

欧州憲法条約は憲法というタイトルのみならず、国家的存在としての「EU旗」、「EU歌」、さらに「EU大統領」(欧州理事会常設議長)、「EU外相」を書きこんでいた。ちなみにEU旗はドロールが欧州委員長就任時に、欧州理事会の旗として採用し現在にいたっている。さらには、欧州憲法条約に人権と民主主義の強化が意識され人権規定が導入されたのである。EUは、すでにみてきたように、国境なき単一経済空間すなわち経済通貨同盟と、それに相応する単一政治空間、すなわち政治同盟を創造することを主要な目的としてきた。しかし人権規定は加盟国ごとに規定されていた。そこで欧州経済共同体(EEC)の時代から人権規定が不十分であるとされ、EU条約で、一九五〇年の欧州人権規約が法の一般原則として組み込まれた。さらに一九九九年発効のアムステルダム条約では、共通規定を変更し、自由と民主主義の諸原則、人権と基本的自由の尊重、および法の支配などの原則に違反した加盟国に対する制裁規定を盛り込んだ（金丸輝男編著『EU――アムステルダム条約』）。

　そして二〇〇四年に調印された欧州憲法条約では、条約本体に第二部として人権に関する基本憲章を条約本体に盛り込んだのであった。またEUの理事会での意思決定の改善としては、憲法的な重要性を持つ事案以外は、理事会で基本的に加盟国の支持（五五％以上）と加盟国の人口（六五％以上）の二重要件による多数決を導入した。この二重の議決要件の導入は、後にリスボン条約に受け継がれる。二重の議決要件の政治的意味については、第11章で触れる。理事会での議決の要件を高くすると、大国の影響力を軽減でき、小国への配慮はなされるが、同時に意思決定が困難になるという問題を抱えた微妙なバランスの上に立った決定であった。

　機関間の関係では、EUの首脳会議である欧州理事会で輪番制の議長職を廃止し、再任可で最長五年の常設議長制を導入した。メディアではこれがEU大統領の出現として派手に取り上げられたが、欧州理事会のなかでその人選が進められ、決定されることでは、従来の議長権限の範囲を大きく超えるものではなかった。ただし六カ月に輪番制で交代していくそれまでの制度からすると議事の安定性、議会運営の効率化、EUの顔としての意義などを含むものであった。ただし閣僚理事会については旧来通り六カ月毎の輪番制を維持した。

　さらには、欧州委員会の副委員長も兼務するEU外相職を新たに設置した。これは欧州委員会と欧州理事会の橋渡しをする部署である。もし欧州議会が欧州委員会の「非難動議」（不信任決議案）を可決した場合、他のすべての委員と同様に、彼もしくは彼女はその職を失うということで、それまで欧州議会の権限が及ぶことがなかった欧州理事会の人事権限に対して、欧州議会が影響を及ぼし得る可能性を初めて開いた。

民主的正当性の強化では、欧州議会の立法府としての地位をより明確に規定した。一九五七年に創設されたＥＥＣにおいては「諮問」的地位に甘んじていた欧州議会（当時は総会）であったが、一九八七年発効の単一欧州議定書では「協力手続」を、一九九三年発効のＥＵ条約では、「共同決定手続」をえて、ＥＵでの立法過程に確実にその地歩を占めてきた。欧州憲法条約では、理事会とともに「共同立法権者」としての地位を明確化し、共同決定手続の範囲を拡大した。これは理事会で決まったことも、欧州議会が否決できるというように、個別加盟国からみると、二重にその意思がブロックされる可能性（危険性）を意味していた。

またアルティエーロ・スピネッリら欧州議会の「欧州同盟条約草案」においては、遠くて手が届かない目標であったＥＵの法人格の獲得も盛り込んだのであった。ＥＵの法人格は、ＥＵの連邦化か進むという理由でイギリスが反対してきた事案である。

4　フランスとオランダの国民投票

かくして欧州憲法条約は二五のEU加盟国政府による条約案調印後、批准過程に移る。この条約はそのタイトルに憲法という表現を盛り込むほどにも意欲的であった。加盟国議会での批准は、加盟条約で別途同条約を承認したブルガリア、ルーマニアを除き、二〇〇四年一一月一一日のリトアニアを皮切りに、年内にハンガリーが、二〇〇五年にはスロベニアに始まり、イタリア、スペインなど一七カ国が議会もしくは国民投票で批准を済ませた（なおフィンランドは二〇〇六年一二月五日に議会で可決し、その後保留となった）。

そして欧州憲法条約批准は、二〇〇五年五月二九日と六月一日に大きな転換期を迎える。フランスとオランダの国民投票がそれであった。フランスとオランダにおいて相次いでこの条約の批准を問う国民投票が実施され、承認に失敗した。それぞれの投票率は六九・三四％、六三・三〇％、批准賛成票は四五・三三％、三八・四六％であった。

それまでもEUに関しては多くの加盟国で国民投票が実施されてきた。ヨーロッパ統合主義者を震憾させた一九九二年のデンマークの条約批准否決（史上初。賛成四九・三％）がある。さらにはニース条約のアイルランドの国民投票での否決（賛成四六・一％）もある。

フランスとオランダはともにECSCの創設メンバーで半世紀にわたりヨーロッパ統合を推進してきた国家であった。しかも、この二カ国の後に多数の国家で国民投票が控えていて、さすがにこれ以上批准過程を継続することができなくなったのである。

これはヨーロッパ統合推進派にとって、極めて大きな挫折となった。加盟国首脳会議である欧州理事会は、この衝撃の大きさに対して「熟考期間」を置くことをきめた。実際、ドイツとスロバキアは議会での賛成を得ていたが、フランス、オランダの国民投票での否決をうけて保留となり、大統領未署名となった。また残りのチェコ、デンマーク、アイルランド、ポーランド、ポルトガル、スウェーデン、イギリスは批准手続を断念し、条約批准過程停止となった。この七カ国はいずれも連邦主義的ヨーロッパ統合には強い懸念、もしくは反対の国民世論を背景にしており、それゆえ、これ以上の欧州憲法条約は批准過程をクリアするには、絶望的状況にあった。

この結果、欧州憲法条約は、第四章でみたように、五三年前の一九五二年五月に六つの加盟国全てで調印されながらも、フランスの国民議会において否決され、批准に失敗した欧州防衛共同体（EDC）条約と同じ運命をたどることになった。何より条約改正は、国家主権に最大に配慮した全会一致方式を採用している。それゆえ理論的には、人口五二万のルクセンブルク一カ国でも反対すれば、ＥＵの五億人の将来に関わる新条約、もしくは条約改正は成立しなくなるのである。

二〇〇一年六月にアイルランドがニース条約批准を国民投票で否決（第二次国民投票で承認）した時、スペインの有力紙『パイス』（El Pais）は、賛否の差に注目し、社説で「七万六〇一七票が数億の欧州人の将来を阻止」と書いた。またドイツの有力紙『南ドイツ新聞』（*Süddeutsche Zeitung*）も「一五カ国で起きることは二七では普通の出来事になる。それは幻影ではなく、強烈な警告である」と、その問題を指摘していた（児玉昌己『欧州議会と欧州統合――ＥＵにおける議会制民主主義の形成と展開』）。

5　否決の理由とその後のジスカール・デスタン

フランスとオランダにおける国民投票での否決は、両国がＥＣＳＣ以来ヨーロッパ統合運動を担ってきた伝統ある親欧州派の国家であるがゆえに、検討しておく必要がある。それぞれに共通点と、独自の理由がある。以下、欧州の専門書（Anca Pusca ed., *Rejecting the EU Constitution? From the Constitutional Treaty to the Treaty of*

Lisbon）の論考を借りてみていこう。

否決に動いたフランス人のEUに対する愛憎を「欧州の逆説」と表現し、三つの心理状況を指摘している。第一は、フランスは一般にヨーロッパ統合の盟主として、シューマン言言以降も一貫してその支持を貫いてきたが、EUの発展の結果、透明性も説明責任も不十分なEUの権限強化に対する漠然とした不安があること。第二は、欧州憲法条約が社会的公平にも意を置き、自由市場主義的色彩を抑制し、さらには理事会での議決の持ち票のウエートがニース条約下での九％から一三％へとフランスに有利になっている。それにもかかわらず、という逆説。第三はフランス社会党に関して、同党は歴史的にヨーロッパ統合支持で来たが、条約の批准過程では、首相経験者のローラン・ファビウスが反対陣営に加わり、結果として、極左や極右と同じヨーロッパ統合反対陣営を有利にしたというものだ。

オランダの場合も、同様に、欧州憲法条約否決の分析をしたテオ・トーネンらによれば、ヨーロッパ統合の伸展の速度が早すぎるという意識があったとする。特にオランダは「ヨーロッパ的志向をもち、国際的に啓蒙されてよく組織化され、EU懐疑派に反対するオランダ」と一般に認識されていたがゆえに、驚きをもって迎えられた。しかし実際は、一般国民はヨーロッパ統合を所与のものとして受け取り、その方向性については十分意識していなかったとする。トーネンらは、欧州憲法条約の国民投票で批准反対に投じた動機について、欧州委員会による事後的調査を紹介し、以下の五つを列挙している。それは（一）情報不足三二％、（二）国家主権の喪失の恐れ一九％、(三) 自国議会に対する反対一四％、(四) EUは金がかかりすぎる一三％、(五) ヨーロッパ統合自身に反対八％である。ちなみに賛成の理由は、（一）単一欧州建設の必要二四％、（二）ヨーロッパのアイデンティティの強化一三％、（三）EUと世界でのオランダの役割の強化一三％、(四) EU諸機関の運営の迅速化に必須一三％、(五) ヨーロッパの政治統合の象徴的な第一歩一〇％である。

結論として、オランダの有権者の欧州憲法条約否決の理由は、複合的な原因があり、EU嫌いというのではなく、ヨーロッパ統合の形態とその過程に対して、漠然とした不安や疑問を感じたと結論付けている。ともあれ欧州憲法条約は、半世紀以上も前に調印されながら批准に失敗し幻となったEDC条約と同じ結果になったのである。

最後に、欧州憲法条約の諮問会議議長を務めたジスカール・デスタンのその後に触れておこう。ジスカール・デスタンは、欧州憲法条約が否決され、別の条約に組み替えを行う政府間会議が始められる状況を受けて、複雑な胸の内を自身のブログ（二〇〇七年六月一四日付）で吐露している。欧州憲法条約自体が、二〇〇五年に否決されてからすでに二年余りが経ち、EU政治の舞台では「過去の」条約となっていたが、彼は「一八カ国も批准を済ませていたのに」と語り、欧州憲法条約が「憲法」の言葉をもった簡素化された新条約であったことを念頭に、リスボン条約は従来のツギハギで、せっかくの欧州憲法条約の努力を無にし、市民をさらに遠ざける条約であるとの不満を吐露した(http:// vge-europe. eu/index. php?q=simplifier++ou)。

欧州憲法条約立役者のジスカール・デスタンによる、リスボン条約に対するこのネガティブなコメントは、リスボン条約の批准の政治過程で、「リベルタス」などにより、国民投票を控えたアイルランドの反リスボン条約の情報宣伝活動に徹底して利用されることになるのである。

第11章

連邦主義の強化とナショナリズムの抵抗——アイルランド、チェコ、ドイツ

1　欧州憲法条約からリスボン条約へ

前章で触れた欧州憲法条約は二〇〇五年五月と六月のフランス、オランダの国民投票での否決により幻の条約となり、同年末までに歴史文書と化したことはみた。連邦的統合推進派は落胆し、現状維持勢力や、反ＥＵ的国家主義者は喝采を送り、これを勝利として喜んだ。とはいえ、ＥＵを取り巻く内外の情勢は何一つ変わりなく、さらにＥＵの加盟国が増える状況にあった。

ところで欧州憲法条約についていえば、フランス、オランダの国民投票での否決というセンセーショナルな事件に目を奪われてしまいがちであるが、当時ＥＵ加盟の二五カ国のすべての政府が調印していたという事実を思い出す必要がある。ＥＵ加盟の各国政府は立ち止まれなかった。新たな条約草案は、国家主義者の側から、あまりに連邦主義的であると問題にされた部分を修正することからスタートした。欧州憲法条約の作成過程で十分討議はされていた。それゆえ、次のステップに向けた動きは迅速であった。ブリュッセルでは、欧州憲法条約の代わりとなる条約の制定作業が直ちに着手された。

そしてそれはその後、リスボン条約と呼ばれることになる「改革条約」となって現れ、欧州理事会で基本合意がなされた。改革条約の政府間会議（ＩＧＣ）に付されたのが、二〇〇七年六月。そして七月からはＩＧＣが開始された。そしてフランス、オランダの国民投票否決から二年半後の二〇〇七年一二月一三日に加盟国政府がポルトガルの首都リスボンで調印に至った。ここにリスボン条約という名をもつ条約が登場したのである。リスボン条約自体は、欧州憲法条約がフランス語で六万三〇〇〇語・四四八カ条からなるのに対して、一万二八〇〇語・七〇カ条とスリムである。

2　批准過程——アイルランド、チェコ、ドイツ

条約は調印が済めば、発効というわけではない。二〇〇八年から加盟各国での批准が始まった。ＥＵの条約改正はすでに述べたとおり全会一致である。条約の調印はまさに条約成立までの長い道のりの入口でしかない。

条約推進派にとって幸いだったのは、一一カ国の国民投票が予定されていた欧州憲法条約とは違い、今回は国民投票実施国がアイルランドだけであったことである。残りの加盟国は、国会での批准のみであった。批准過程は二〇〇七年一二月一七日のハ

ンガリーの議会での承認から始まり、順調に進んだ。しかし、リスボン条約で唯一の国民投票実施国となったアイルランドが、二〇〇八年六月一二日、賛成四六・六%、反対五三・四%で否決するにいたる。幻となった欧州憲法条約の悪夢の再現かと、条約批准推進派を凍らせた。

リスボン条約に不満だったのは、国民投票を実施したアイルランドだけではなかった。チェコでは名だたる反EU主義者のヴァーツラフ・クラウス大統領もその一人で、リスボン条約への対応では、調印は済ませ批准作業の当事者であるチェコ政府との二元外交となっていた。クラウス大統領は、一一月にアイルランド・ダブリンに乗り込み、現地のリスボン条約批准反対派と共同会見を行った。アイルランド政府も、これには、他国による内政干渉と不快感を示し、またリスボン条約批准に責任を負う本国政府も困惑し、クラウス大統領との齟齬《そご》をみせた。クラウスの態度は徹底していた。チェコ議会が条約承認を決定したにもかかわらず、さらにアイルランドの第二次国民投票での批准賛成という結果が分かった後にも、同国憲法裁判所の判断を待つとして、批准書に署名しない姿勢をとった。

チェコに似た立場をとったのはポーランドである。アイルランドの第二次国民投票の様子見を続け、二〇〇九年四月に入り、議会は批准を済ませたが、レフ・カチンスキ大統領(二〇一〇年搭乗機墜落で死去)は、アイルランドの国民投票の結果が明らかになるまで署名を引き延ばした。

チェコやポーランドの反リスボン条約の態度の理由は、ナチスドイツによる第二次世界大戦時のドイツによる支配や、大戦後のソ連支配の屈辱的な歴史にあった。せっかくソ連の支配から抜け出し、念願の政治的独立を果たしたと思った矢先、国家が保有する主権的権限の譲渡をその本質とするヨーロッパ統合というものの現実に直面したのである。

なおあまり知られていないのが、ドイツ国内での抵抗である。これはドイツ政府によるものではなく、民間からの抵抗であった。ドイツの政権担当者は、アンゲラ・メルケル（Angela Merkel）女史。第13章でも触れるが、一九五四年生まれで、初当選で第四次コール政権の閣僚に抜擢され、順調に出世し、二〇〇五年一一月に、ゲアハルト・シュレーダー社会民主党政権（一九九八年一〇月～二〇〇五年一一月）から政権を奪還し、ドイツ初の女性首相となった。メルケルが率いる与党キリスト教民主同盟（CDU）の政府与党の多数派は条約推進派で、欧州議会では、欧州人民党内最大勢力として重きを成している。歴史的にもアデナウアー以来一貫して、「ヨーロッパの中のドイツ」として自身を位置付けてきた。

アンゲラ・メルケル
（1954 －）

だが、国内にはEU反対勢力は存在している。反リスボン条約派は、同条約の合憲性に対する司法判断を求め連邦憲法裁判所に対して、与党議員を含め五〇名余の市民の署名を集め、提訴したのである。同裁判所は半年余りの審査の後、二〇〇九年六月三〇日にリスボン条約を合憲とする判決を下したが、付帯条件があった。EUの主要な立法過程に連邦議会が十分に関与できることを保証する国内法を制定せよというものであった。メルケル政権は与党多数の議会で新たな法を制定し、これに応えた。

ここでアイルランドの二〇〇八年六月の第一次国民投票での否決に戻るが、二〇〇一年末のヨーロッパの将来を検討する諮問会議の設置からすでに七年目を迎え、それまでに注いだエネルギーがすべて無になりかねない状況であった。欧州憲法条約の批准失敗という「悪夢」の再現を回避するべく、二度目の国民投票の実施が働き掛けられた。中立政策や租税政策などには何ら変更を加えるものではないことを欧州理事会で保証することで、第一次国民投票から一年半近い時を置き、二〇〇九年一〇月に、条約の本文には一行も修正を加えることなく、アイルランドで第二次国民投票が実施された。結果は、賛成六七・一%・反対三二・九%で、リスボン条約批准過程での最大の障害を乗り越えた。

アイルランドの有権者のわずか一年半余りでの態度変更は、二〇〇七年から顕在化していたサブプライム・ショックやリーマン・ショックの金融危機に端を発する深刻な経済的な苦境とEUによるアイルランドへのてこ入れ、そしてそれによるEUの必要性に対する認識の変化の成果だった。実際、第一次国民投票で力のあったデクラン・ガンリー率いる反リスボン条約を掲げる政党であるリベルタスは、第一次国民投票後の二〇〇九年六月の欧州議会選で敗北し、「アイルランドはヨーロッパを必要とする」という条約批准賛成派のキャンペーンは、危機におけるEU加盟の意味を知らしめた。アイルランドはEU加盟三〇年余を経て、「ケルトのトラ」と表現され、EU加盟の成功したモデルとしてボトム三からトップ三へという驚異的な経済成長に成功し、東欧諸国のモデルと政府は胸を張った。だが、深刻な金融危機を受けて、財政が急激に悪化し、同国は一転デフォルト（債務不履行）さえも、噂される苦境に直面した。

ユーロ圏にあって通貨主権の行使者である欧州中央銀行は、アイルランドの主力銀行救済のため、二〇〇九年三月までで一二〇〇億ユーロ（約一六兆円）を投入することを決め、EUの存在を多くの有権者に意識させた。中小国における危機的状況に対するEUの重要性と存在感を示した瞬間でもあった（拙稿「リスボン条約批准で近づく『欧州連邦』への道」『週刊エコノミスト』二〇〇九年一一月一〇日）。

調印から二七カ国すべての加盟国での批准過程を完了し、リスボン条約は、二〇〇九年一二月一日に発効した。正式には、「EU条約及び欧州共同体設立条約を改定するリスボン条約」という。すなわちEU条約と、欧州共同体（EC）設立条約をそれぞれ改正し、後者の欧州共同体条約をEU運営条約とし、EUとしての統一性をより確かなものとした。

3　連邦主義を強化するリスボン条約の内容

加盟国との関係においてEUの連邦主義をさらに強めたという意味において、リスボン条約はヨーロッパ統合史上に分水嶺をなすと考えられる。以下、リスボン条約の編成を概観し、欧州憲法条約との比較でどう変わったのかを一瞥した後、リスボン条約で特に連邦主義を強めたとされる、理事会における多数決の適用範囲の拡大と欧州議会の立法権限の拡大を中心に、いくつかの点を見ていこう。

条約の編成

欧州憲法条約との違いは、以下のとおりである。欧州憲法条約は、第一部＝基本原則と制度的枠組み、第二部＝基本権憲章、第三部＝政策と運営、そして第四部＝最終規定と、四部構成で一つの条約にまとめあげられていた。これに対して、リスボン条約では、第一部と第四部がEU条約となり、三部がEU運営条約として切り離され、第二部の基本権憲章は条約本文から削除された。削除された基本権憲章の第二部は、EU条約六条で、その法的有効性が確保された。

従来通り、ＥＵの基本原則をうたったＥＵ条約と、その政策を実施していく運営条約という二本立てになり、欧州憲法条約が打ち出した条約の一本化は断念された。だが、リスボン条約は欧州憲法条約が大胆に打ち出した連邦主義的諸施策を受け継いでいる。確かに、欧州憲法条約という名称にあった「憲法」という表現やＥＵ旗、ＥＵ歌など国家を想起させるシンボルは外されたが、主要な条文はほぼ残った。しかも重要なことは、本来「三本の柱」というより幹と枝という表現が適切であったマーストリヒト条約における外交安保分野も、そしてまた中間的位置づけを持つ司法警察協力の分野も、ＥＵの全会一致の事項を残しつつも、管轄対象となった。そのほか重要な変更は以下のとおりである。

理事会での議決様式の変化と多数決の多用化

理事会における議決についてはこれまでも少し触れた。理事会の議決に関する理解は、ＥＵの政治的性格を知るためには、非常に重要なものの一つである。加盟国の代表からなる理事会での議決は、ＥＵ法にとって欠かせない。欧州議会の議決と合わせてＥＵ法を生む。しかもリスボン条約の成立をもって、理事会での議決では今後、多数決が常態とされたことである。

「多数決による議決」というのは簡単であるが、国際機関においては、実に画期的であり、大きな意味を持っていた。通常の国際機関の議決方式は全会一致である。国際連盟もそうであったし、国連の安全保障理事会でも同様である。総会の議決の拘束力は反対国には及ばない。国連で各国に拘束力が生じるのは、国連安全保障理事会決議のみである。国連総会の決議は勧告的効力をもつにすぎない。しかるにEUでは、多数決となれば、加盟国の国家意思が否決される可能性も出てくる。それがゆえに、ドゴール対ハルシュタイン、サッチャー対ドロールというごとく、多数決の多用化を巡り激しく対立したことはすでに記した。

ヨーロッパ統合を担うEUの構成体は、主権国家である。しかも国家の内部にあっては、代表民主主義をとり、有権者の多数の支持を得た与党として、民主的な正統性を確保している。そして加盟国政府の代表がその正統性を背景にして、EUの理事会での議決に出席する。だが、その国民の代表である政府代表が集まる理事会において、多数決が採られれば、国家の意思が否定される可能性(危険性)があるのだ。

この点こそ、リスボン条約にネガティブに反応する国家主義的陣営の争点であった。イギリスの反EU主義の保守系有力紙『デイリー・テレグラフ』は、カーカップ記者が国家主権の死守という立場にたって、二〇〇九年一一月二日付で、リスボン条約では「EU大統領のポストを創設し、五〇以上ものヨーロッパ政策について、イギリスの拒否権を奪う条約」と指摘したのは、リスボン条約で強化、拡大された多数決制度の本質を突いていた(*Daily Telegraph*. 2 November 2009)。

同様に重要なことが定められた。一定の周知期間を置きながらも、理事会での議決で、従来の持ち票配分とその集計の多寡によって決定するという議決方式を改め、加盟国の五五％（二七カ国では一五カ国）と、人口要件である全人口の六五％以上の賛成をもって決定するという二重議決要件を設定した。これは幻となった欧州憲法条約の規定を受け継ぐものであった。多くのリスボン条約の解説書は、この二重議決要件に触れている。だが、それがもつ意味については、ほとんど触れられていない。

リスボン条約では、議決の二要件のうち一つは確かに国家の数である。もう一つはEUを構成する国家というより「地域」の人口である。すなわち、EUの中で国家は「地域」（地方）として認識されることになり、地域がそれぞれに持つ人口の計という形に置き換えられる。二〇一七年以降、原則として、加盟国の持ち票の算出による議決方式が、人口要件に置き換わっていく。すなわち、A国の賛成票がいくらで、B国の反対票がいくらかは意味をなさなくなる。EUにおける理事会の意思決定から、国家的要素が後景に退き、その位置づけにおいて国家が「EUを構成する地域」という扱いに変化することを意味する。

人口要件での議決方式は、まさしく連邦主義的思想の反映であり、連邦主義思想とそれに基づく政治装置の強化ということに尽きる。可決の要件の敷居は、代表的な欧州委員会の提案を受けた法案の場合では、二〇〇四年までは加盟国の持ち票の七一％程度であったことを考えると、EU加盟国の人口比と加盟国数の二重要件が課されたとはいうものの、リスボン条約では敷居が実質的に引き下げられたと見ることができ、自国に不利益とみる法案を阻止することが、国家の側からすると、さらに困難になる。

欧州議会の権限拡大と加盟国議会

リスボン条約では、欧州議会を理事会とともに共同立法権者として位置づけた。EUでは、欧州議会は「勝ち組」として位置づけられてきた。すなわち、EUの意思決定における欧州議会の漸進的な権限拡大という形をとって進んできた。一九八七年発効の単一欧州議定書で、理事会が欧州議会の決定を覆すには全会一致を必要とする「協力手続」という立法権限を獲得したこと、さらに一九九三年のEU条約（マーストリヒト条約）では、理事会と同格とした「共同決定手続」を限定的な領域ではあれ獲得したこと、他方、欧州委員会が独占して来た立法発議権に対しては、立法発議請求権を得たことがその証明である。

欧州議会のEUにおける意思決定が、欧州経済共同体（EEC）の時代は、単に「諮問される」だけであったことを考えると、まさに別物として存在しているといえる。以前は欧州議会の権能について、わずかに「立法参加権」という表現で示され、教科書では理事会を主とし、欧州議会を従と記載されていた。だが単一欧州議定書以降、不適切となり始めた欧州議会による「立法参加権」という表記は、欧州議会を共同立法権者として位置付けたリスボン条約以降は、死語となっていくだろう。

欧州議会の立法権限拡大も、EUを欧州連合とする見方を否定するものである。立法権がある議会をその内に持つ国際組織は連邦的組織といえる。その方向に確実にシフトしている。

理事会での議決方式としての多数決原理の常態化と、欧州議会の理事会での共同決定手続の拡大ということを考えれば、EUにおける加盟国議会の地位と権限と機能の縮減は、圧倒的というべきである。

連邦的政治体の指標の一つは、立法権限を持った議会の存在である。欧州憲法条約を遥かに遡る一九五四年、欧州防衛共同体（EDC）条約のフランス国民議会での否決で露と消えた欧州政治共同体（EPC）でも、上院と下院の二院制が想定されていたことは、第四章ですでに述べた。

欧州議会の権限強化はEU加盟国の議会の権限を侵すことにもなりかねない。EUにおける加盟国議会の権限については、条約のなかで議定書として定められ、欧州議会と加盟国議会との相互協力が書かれ、加盟国議会への法案の事前回付などが義務付けられている。また、以前からも強調されてきたこととはいえ、「最適場所での意思決定」という連邦主義的な思想を反映した補完性の原理の尊重が謳《うた》われ、欧州刑事警察機構（ユーロポール）の政治的監視や欧州司法機構（ユーロジュスト）の活動についての評価への参加、さらには条約改正手続への参加、第三国のEU加盟申請についての通知も必要になった。これらの事項は、欧州議会やEU自体の権限が拡大する一方で、加盟国議会のEUの政治過程への参入が不十分であるとの反省に立っている。

ただし、それは欧州議会の権限を損なうものではない。

EUの法人格獲得と欧州市民の直接的な政治参加

リスボン条約でEUは法人格も獲得した。従来、欧州経済共同体（EEC）や欧州原子力共同体（EAEC）など各共同体がそれぞれ法人格をもち、EU自体は契約や国際機関での法的主体とはなっていなかった。前章で触れたように、法人格は欧州連邦主義者で欧州議会指導者のアルティエーロ・スピネッリらが推進した一九八四年の「欧州同盟条約草案」でも、獲得すべき対象であった。イギリスが条約改正では長く、連邦主義の強化として強硬に反対してきた事案であったが、法人格の獲得で、直接の契約の主体者となることができ、EU独自の活動は強化される。

またリスボン条約では、一〇〇万人の欧州市民の請願を持って、欧州委員会にたいし、彼らが必要と考える適切な法案の提出を求めることも可能にするなど、欧州市民による直接政治参加の道を広げた。

4　萌芽的EU外務省と外交安全保障政策・防衛部門への進出

ＥＵの外交安保については、軍事部門での予算まで統一するＥＤＣ条約が一九五四年に批准に失敗し、その大胆な構想が蹉跌《さてつ》に帰したことは第4章で触れた。それ以降、ＥＵは経済共同体というごとく、経済問題を中心として発展し、外交安保部門には、「欧州政治協力」（ＥＰＣ）として一九七〇年代から細々と政府間協力の枠組みで目立たない形で行われてきた。

リスボン条約での制度面での前進は、外交安保面で大きく前進したことである。なによりも、ＥＵ外交安保政策上級代表（High Representative of the Union for Foreign Affairs and Security Policy）がおかれたことである。イギリス貴族で、労働党に議席を置くキャサリン・アシュトン女史が就任した。欧州憲法条約ではストレートに「外相」（Union Minister for Foreign Affairs）と呼び、国家の外務大臣と同じ表記をとっていた。だが、これが欧州合衆国を想定させる表記であるとして、ＥＵ外交安保政策上級代表と名称変更となった。

もっともそれ以前にも、上級代表という職位はあった。ＮＡＴＯ事務総長を経て、ＥＵでその地位にあり、イランの核問題で活躍して記憶に残るハビエル・ソラーナがそうだった。ただし同じ上級代表といっても、それまでとは大いに異なる。リスボン条約以前、ソラーナの職名は「共通外交安保政策上級代表」であった。共通（コモン）の文字がリスボン条約で除去されたが、ＥＵが外交安保に、直接乗り出すという強い意志の表れといえる。この職位は、欧州委員会の副委員長を兼務し、外交を扱う外相理事会の議長を務める。

リスボン条約では、理事会の事務総局の関連部門と、欧州委員会の対外関係総局担当欧州委員の職務を合体させた組織ができた。その組織は具体的には、欧州対外行動局（The European External Action Service/EEAS）と呼ばれ、六〇〇〇名の外務事務局がおかれる。現在世界に一〇〇以上展開されている欧州委員会代表部を統括する萌芽的なEU外務省となる。これを統括するのが新設の上級代表である。なお通商、開発、拡大の担当総局は従来通り、欧州委員会に置かれることになった。

また欧州防衛局（European Defense Agency/EDA）も上級代表の下におかれる。欧州防衛局は二〇〇四年七月に創設されたEUの下部機関（Agency）であり、ブリュッセルに本部を持ち、一一〇名ほどのスタッフで、西欧同盟（WEU）の任務を引き継ぎ、危機管理における加盟国の部隊の機能向上を目的としている。ECSC創設をうたったシューマン宣言から六〇年の時を経て、EUは外交から安全保障、さらには共同防衛政策においても着実にそれを整備しつつある。

二一世紀入りしてほどなく、英有力紙『ガーディアン』は二〇〇一年三月三〇日付で、それまで加盟国の国家主権の砦《とりで》として国家が保持して来た軍事防衛分野にEUが進出して来たことについて、その変化を色彩豊かに伝えている。それを紹介して、この章を終えよう。

「昼時ともなれば、EU官僚が、ブリュッセルの理事会ビルの食堂に腰を下ろすいつもながらの光景がみられる。ダークスーツはEUの男性官僚にお定まりのものである。だが、人目を引きつけるのは参謀肩章の鈍い金モールや、光彩を放つ襟章を付けたオリーブや、緑、青そしてカーキ色である。（中略）EUの防衛上の一体性の漸次的発展により、将来の紛争や危機に備えるため、陸海空の制服組が、EUの中枢に登場し始めた」と。

第12章 ヨーロッパ統合の将来と課題

1　ユーロ危機は「経済政府」を導くのか

経済から外交安保に広がるＥＵとヨーロッパ統合の発展の歴史を一一章にわたり概観した。ここでヨーロッパ統合とＥＵが抱える今の問題を考えていこう。

まず耳目を集めているＥＵの単一通貨ユーロの問題がある。ヨーロッパの単一通貨は、リヒャルト・クーデンホーフ＝カレルギーも一九二三年に自著『パン・ヨーロッパ』で触れていた。ユーロはＥＵ内でユーロ圏と非ユーロ圏と別れた形ではあるが、すでに国際通貨として広く使用されている。多くの学者がこれを不可能と見ていたが、ヨーロッパ統合に賭けた政治家の強い意志がこれを実現した。

二〇〇九年一月一日には、スロバキアがユーロの一六番目の発行国として加わり、二〇〇四年にＥＵ入りしたエストニアが二〇一一年一月に、ラトビアが二〇一四年一月に、二〇一五年一月にはリトアニアがユーロを導入した。これで、ユーロ圏は一九カ国に拡大した。一九九九年のユーロ発足時に非加盟を決めたデンマーク、スウェーデンも二〇〇八年以降の国際金融危機の体験を経て、ユーロ導入を検討している。ユーロ危機が叫ばれる一方で、ユーロ圏は着実にその範囲を拡大している。

ユーロは、確かに潜在的な脆弱さも抱えている。ギリシャの財政危機を受けて、ソブリン債危機がユーロ危機に転化した。この問題は、経済通貨同盟（EMU）の進展が未だ過渡的段階にあり、EU内で、金融は欧州中央銀行（ECB）に、他方、財政は各加盟国にと権限が分裂していることに起因する。この金融と財政の分断状況がユーロ危機を発生させている。問題の発端はギリシャの巨額の財政赤字と放漫財政にあった。国際投機筋に狙われたのが、ユーロではなく、ギリシャのソブリン債であったことが、その証左である。

ソブリンとは「国家主権の」という形容詞であり、ローンを付けて、国家の財政当局が発効する「国債」を意味する。ギリシャの財政悪化による同国国債への不信から、借り入れ利率が急騰し、元本を含め償還期を迎えた国債がギリシャの返済能力を超え、デフォルト（債務不履行）を招くのではないかという懸念を背景にして、ギリシャの国債を大量に保有しているEU諸国の銀行の信用不安という形で飛び火し、ユーロ安を併発した。EUの通貨同盟がその影も形もなかった三〇年前には、こうした問題は起こりえなかった。

ユーロの番人というべき欧州中央銀行のトリシェ総裁は二〇一〇年五月、ドイツのシュピーゲル誌に、ユーロ危機について「欧州は第二次世界大戦以来、最大の危機に直面している」と強い表現で危機感を表明した（『毎日新聞』二〇一〇年五月一六日）。

ユーロは、まさしく試練を迎えつつある。二〇一〇年五月段階で、EUの財政規律を順守できているのは、加盟二七カ国中三カ国。債務残高で一三カ国のみであった（「欧州委、財政規律違反への制裁措置や予算案監督を提案」ロイター、二〇一〇年五月一三日）。

ＥＵ条約は、安定・成長協定で加盟国の財政を監視することを定めており、違反国に対しては警告を発し、改善が見られない場合には、制裁措置を実行することも規定している。だが、これが十分機能してこなかった。現在は、財政健全化に繰り返し失敗している国に対して、無利子の預託金が課されているが、制裁措置としては、この預託金の没収やＥＵ交付金の一時停止が検討されている。放漫財政は、加盟国の権限下にある予算編成と関連する。ＥＵ加盟国による放漫財政を防止するＥＵによる措置は、加盟国の国家主権の核心部分の一つである予算編成権限にも及びつつある。

この可能性に対して、フランス政府のシャテル報道官は、財政および予算面での協調・改善を支持するとした上で「予算案を決定するのは（国家の）議会であり、フランスの予算案採決を行うのは欧州委員会ではない」と述べ、加盟国の予算編成という財政主権へのＥＵの介入強化の動きをけん制した（ロイター、二〇一〇年五月一三日）。

ＥＵが加盟国の予算編成にまで関与することは、フランスの報道官がいみじくも語っているように、加盟国の財政主権の制限を意味する。だが、ユーロの安定を保てないとすれば、ＥＵによる金融と財政主権の統一的運用を図る「欧州経済政府」の必要性も射程に入ってくる。ジャック・ドロールが一九八八年に欧州議会で語り、マーガレット・サッチャーがブルージュ演説で反発した構想である。ここにもEUが必然的に持つ連邦的主権と国家主権とのせめぎ合いが見られる。すでにレスリー・ゴールドシュタインの『連邦的主権の構築――比較文脈におけるEU』（Leslie Friedman Goldstein, *Constituting Federal Sovereignty: The European Union in Comparative Context*）という書にも見られるように、海外ではEUの連邦主権の研究も大々的になされつつある。わが国だけが「ヨーロッパ連合／欧州連合」という訳語にとらわれ、ヨーロッパで常識となりつつあるEUの連邦的性格を理解できずにいるようである。

ユーロ危機についていえば、EUは二〇一二年九月にはユーロ安定化（ESM）条約を、さらに二〇一三年一月には財政条約（Fiscal Compact）を発効させ、ソブリン債危機から転じたユーロの全般的危機に対する財政と金融両面での対応をとった。だが、ギリシャでは融資条件として求められた極度の緊縮財政に反発して、二〇一五年一月の総選挙で社会党政権が誕生し、同国救済計画の条件である財政緊縮と経済改革をめぐり、ユーロ圏諸国や国際通貨基金（IMF）と対立している。

ギリシャの銀行へのECBの資金供給額は同国の国内総生産（GDP）の六八％、一〇〇〇億ユーロ（約一三兆二三〇〇億円）に達しており、依然危機的状況は継続している（ブルームバーグ、二〇一五年三月六日）。だがツィプラス政権も盤石ではないこと、ユーロ維持についてはなによりギリシャ国民自分がこれを支持し、またドイツなどＥＵ諸国でも、ＥＵ全体の利益であるという認識がある限り、ギリシャの巨額の債務返済問題では着地点を見出す可能性も十分残している。

2　ヒト（人）の大量移動が生む排他的民族主義の台頭

発展するＥＵが招く苦境の第二の局面は、主要国での顕著な出生率の低下現象の中で、加盟国間のヒトの自由移動が生む、加盟国とＥＵ機関間の緊張である。二〇一〇年のフランスのサルコジ政権によるロマ送還政策と欧州委員会の対立がそれを象徴的にしめしている。

ＥＵが発展途上の中・東欧諸国の加盟を認めたことで、域内間格差は以前にも増して広がった。ＥＵが欧州石炭鉄鋼共同体（ＥＣＳＣ）だった時代には、一人当たりのＧＤＰにみる域内経済格差は、ルクセンブルクとイタリア南部では一対四程度だった。現在、ルクセンブルクとブルガリアでは、一人当たりのＧＤＰの差は七対一程度と拡大している。この状況は、当然の如く、豊かな国への貧しい地域や国家からの労働者の移動を生む。それは、受け入れ国の労働市場と競合し、時に、職を奪われる人が生まれる受け入れ国でのナショナリズムを喚起し、排外主義を助長する。人の流動に伴

図3　今も続く民族大移動

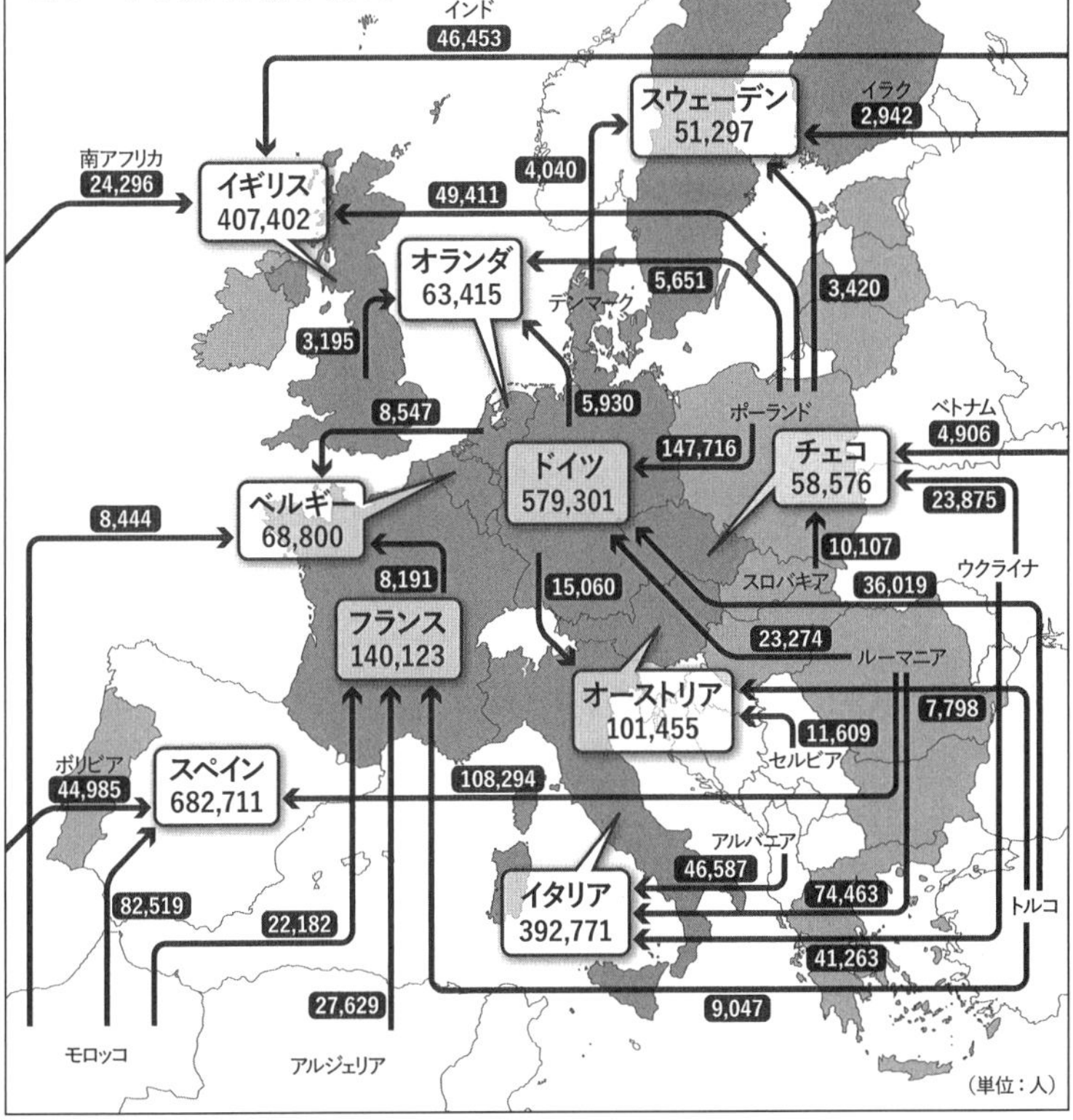

（出所）『週刊ダイヤモンド』2007年11月3日号ダイヤモンド社を基に作成。EU加盟国のうち、移民総数の多い上位10カ国につき、その国に流入した受け入れ移民総数（EU以外からも含む）を示した。その10カ国につき、流入の多い3カ国ずつを国名とともにその人数を矢印で示した（データは欧州委員会による）。

い、麻薬、売買春、人身売買、臓器売買、銃器所持、組織犯罪、そして人種差別も起こる。西欧諸国での異文化への警戒感や、東欧諸国における反ユダヤ主義を含む、ナショナリズムの台頭と反EU主義の広がりがみられる。『ニューズウィーク』誌では、それについて以下のように書いている。

「ヨーロッパに新たな分断が生まれている。かつての鉄のカーテンとは違って、今回の『壁』は異質なものに対する強い拒否反応。西ヨーロッパではイスラム教徒、東ヨーロッパではユダヤ人とロマ人、同性愛者が標的になっている」（「ヨーロッパに忍び寄るネオ排外主義」『ニューズウィーク（日本版）』二〇一〇年五月二七日）。

加盟国のナショナリズムを刺激するヒト、モノ、カネの自由移動の実際については、『週刊ダイヤモンド』（二〇〇七年一一月三日付）が「新しいEU――今も続く民族大移動」と題して特集している。ここでは、EU一〇カ国での人の流入が鮮やかに示されている。データは欧州委員会のものでイタリア、ベルギーは二〇〇三年、フランスは二〇〇四年、その他は二〇〇五年の数字である。

特に規模の大きい順に並べれば、スペイン六八万人、ドイツ五八万人　イギリス四一万人、イタリア三九万人、フランス一四万人である（一〇〇〇人以下四捨五入）。中小国でもオーストリア一〇万人、ベルギー七万人、オランダ六万人、チェコ六万人、スウェーデン五万人。驚くべき規模で進んでいるEU域内と域外からの人の流入である。注目すべきは、これは単年度の数値であることだ。そしてこの大規模な人の流れが、特に経済の下降局面で、加盟国に存在するナショナリズムを否応なく刺激する。

実際、この状況は、異文化への警戒感を各国で生んでいる。ギリシャの財政危機を背景にユーロ危機の中で行われたオランダの総選挙（二〇一〇年六月、定数一五〇）では、移民排斥を唱えるヘルト・ウィルダース率いる極右政党の自由党が躍進し、一五議席伸ばして、二四議席を獲得、一挙に第三党に成長し、キリスト教民主党の獲得議席数は四一から二〇に大幅に減少した。

オーストリアでも反EU勢力の台頭は顕著である。二〇〇〇年には国民議会選挙で、ヒトラー礼賛をはばからないポピュリスト、イエルク・ハイダー率いる自由党が躍進し、国民党と連立内閣を組織し、欧州理事会入りした。これに反発した各国首脳は、記念撮影を拒否し、一四カ国政府はそれぞれに制裁を実施したほどだった。その後、ハイダーは自由党を割り、新たに未来同盟を結成。二〇〇八年九月の国民議会選挙では、未来同盟二一議席、自由党は三四議席を得た。議員定数一八五の三割を排外主義的政党で占めるほどに躍進した（ハイダーは自動車事故で二〇〇八年一〇月死去）。

人類史上未曾有というべき民族の大移動を加速化するヨーロッパ統合が、加盟国の民族主義的傾向を助長する傾向は論理必然的でもある。この問題はヨーロッパ統合が直面し、緊急に対処すべき新たな課題である。この緊張はEU内外の異文化、異教徒にも向けられている。

3　保守化する政治と欧州議会の対応

経済通貨同盟に相応した政治同盟の形成では、欧州議会の役割が目覚ましい。一九七九年の直接選挙の導入で正統性を確立した欧州議会では、代議制民主主義に基づく政党政治が発展し、国家横断的な欧州政党を形成しつつ、EUの場で、議会政治が展開されている。EUの発展に相応した代表民主主義の発展は、EU予算の統制の主体を巡るドゴール対ハルシュタインの対立でみた（第6章）。EUの権限拡大に相応して、欧州議会の重要性は増しつつある。EUの政治は加盟国の政治をみているだけでは不十分である。EUレベルで展開される議会政治は、理事会と欧州議会が共同立法権者として行い、結果、EUの法の空間を広げるということで、日々重要になりつつある。

欧州議会では、ECSCの総会にその歴史を遡る中道右派の欧州人民党、中道左派の欧州社会党（院内会議名社民進歩同盟二〇〇九年改称）、欧州自由民主改革党という三大政党があり、三党の合計で二〇〇九年の七二・五％から二〇一四年の直接選挙で六二・八％と下げたものの、絶対過半数を有し、ヨーロッパ統合推進派の牙城として機能している。

欧州議会を実質化するのは欧州政党である。欧州政党の形成要件は、わが国の国会法や衆参の議院規則の地位をもつ欧州議会議院規則が規律する。かつてはフォルツア・ヨーロッパのように、一つの国家だけを母体とする欧州政党が欧州議会に存在した。だが、現在では一つの欧州政党が成立するには最低七カ国を要する。欧州議会では、国家別ではなくイデオロギー別に着座し、機能している。興味深いことに、近年では比例代表制と連邦的統合の深化を背景にして、EU懐疑政党や反EU政党、さらに緑の党も躍進している。

EU加盟国の保守化現象は欧州議会にも表れている。一九九九年、欧州議会選挙（定数は六二六）でヨーロッパ統合懐疑派と反EU勢力を代表する政党は「欧州国民同盟党」（UEN）三二と「欧州の多様性と民主主義の党」（EED）が一六で、合計四七議席であった。二〇〇九年では、UEN二八、EEDから二〇〇九年に党名変更した独立民主派（IND／DEM）二二、「イギリス保守党議員団」（後に新会派形成）二六名が籍を置く「無所属」七二まで含めると、一二一議席と拡大した。

EU懐疑派や反EU勢力の台頭は、ヨーロッパ統合が生む、ヒトの自由移動による異文化との摩擦を栄養剤として成長している。

欧州議会での注目すべき現象は極右政党の統一化である。欧州議会で政党助成金や質疑発言などの基礎となる欧州政党形成要件を厳格化し、加盟国の四分の一、議員数二五名とした（それまでは、加盟国の五分の一、二〇名）。この要件を満たさない政党は、発言時間、政党助成金で影響を受ける。それゆえ、本来的に自民族優先主義の極右政党といえども、他の加盟国の右翼政党と組まざるを得ない。

欧州議会では、第二次世界大戦前から一九四五年にかけてイタリアのファシズム運動を指導した独裁者ベニート・ムッソリーニの孫娘、アレッサンドラ・ムッソリーニの「社会行動党」（Azione Sociale）やルーマニアの反ロマの極右政党が、欧州政党ＩＴＳ（Identity, Tradition, Sovereignty 独自性・伝統・主権）を形成したことがある。だが、増大するロマの移民を背景に、イタリア議員がルーマニアを非難したことで、同国出身議員が反発し、離脱。当時二〇名と規定されていた欧州政党形成要件を満たせず、同年一一月に瓦解した事例もある。

もとより、自民族に「特別の」優位的な価値を見いだす民族主義政党では、別の国家の右翼との連携は、本来的にありえない。だが、欧州議会は、反ＥＵ勢力さえも、統合を推進するように仕向ける連邦的な諸措置が議院規則にある。しかもＥＵでは西欧の精神風土を背景に、民族間の尊重や人種差別の禁止には格段に力を入れている。ヨーロッパ統合への取り組みは多く排外主義者との確執を生む。まして極右の党勢拡大はＥＵの存在理由を刺激する。ヨーロッパ統合運動は、反ファシズム運動の申し子として、生を得たことを確認しておく必要がある。

4 ヨーロッパ統合のイギリス政治への衝撃

中・東欧地域とは違い、戦争による領土分割や他国による支配をまぬかれたイギリスだが、ヨーロッパ統合の影響は大きい。以下、イギリスにおけるヨーロッパ統合の動きを見てみよう。イギリスはヨーロッパ統合の動きには、実に複雑な対応をしてきた。awkward partner（語義的には、「道を間違えたパートナー」）という言葉がそれを示している。イギリスにおいては、保守党のヒース政権の下で一九七三年に加盟し、EU設立条約にも保守党政権が調印し発効させたにもかかわらず、保守党は労働党以上にEUとの距離がある。

イギリスの政治に対するヨーロッパ統合の影響を示す事例として、三つの動きを指摘しておこう。第一は、反EU政党の成長である。第二は、保守党の欧州議会での新党形成に見られる反統合的な動きである。第三は、国内（イギリス選挙区）での欧州議会選挙の影響を受けた選挙制度改革の動きである。

第一の動きでは、ヨーロッパ各地でみられる現象と同じ動きを見せている。EU条約が発効した一九九三年に結成されたEU懐疑派政党の英国独立党（UKIP）と、反ＥＵで白人を党員とする人種差別政党のイギリス国民党（ＢＮＰ）は、ナショナリズムのムードの高まりを反映し、それを栄養としつつ、党勢を伸ばしている。

欧州議会選挙は比例代表制であるがゆえに、イギリス国内の総選挙で使用される小選挙区制では排除される少数政党も欧州議会では議席を獲得できるのである。

たとえば、二〇〇九年の欧州議会選挙では、ＵＫＩＰは一六・五％を得て、一三議席を得た。ＢＮＰは二議席を獲得した。これにより欧州議会で外国人排斥に関する委員会活動をしてきたグリン・フォード議員や、憲法問題で知られるリチャード・コルベットという英国を代表する議員がＵＫＩＰとＢＮＰの候補に議席を奪われた。

ＥＵ政治のイギリスへの第二の影響としては、英保守党の対ＥＵ姿勢の硬化がある。その一つは保守党による欧州議会内での独自の会派形成を挙げることができる。英保守党は、欧州人民党（European People's Party/EPP-ED）との協力関係を築き、その党に個人が所属していた。ちなみにＥＰＰ－ＥＤとＥＤとあるのがその名残りである。

イギリス保守党はデービッド・キャメロンが党首となり、党内の反ＥＵ気分を反映し、ヨーロッパ統合推進の欧州政党である欧州人民党からの離脱を決めた。二〇〇九年六月の欧州議会選挙後、同保守党二六議席、ポーランド一五議席とチェコ九議席など、八カ国五五名の議員を糾合し「欧州保守改革党」（European Conservatives and Reformists/ECR）を結成した。イデオロギー的に雑多な集団であるこの政党は八カ国で構成されているとはいえ、五カ国はわずか一名の議員のみで、二カ国の議員が脱落すれば、政党形成要件を満たさなくなる危険性もあり、なにより欧州議会内最大会派から離脱して影響力を確保できるのか問われることになった。それほどにイギリス保守党がヨーロッパ統合の主流派との距離を感じている証である。

保守党の対ＥＵ姿勢の硬化の事例としては、イギリス主権法案を挙げうる。イギリスの反ＥＵ気分は強く、政権与党に復帰する二〇一〇年五月の総選挙のマニフェストで、保守党は「イギリス主権法案」(United Kingdom Sovereignty Bill) の制定を打ち出した。この主権法制定の提案こそ、加盟国の主権的権限の大規模な「譲渡」(transfer) を求めながら、連邦的組織として発展するＥＵに対する強い危機意識を示すものであった（同党のその後については第13章参照）。

第三のＥＵのイギリスの政治制度への影響は、国内の下院議会の選挙制度の改正の動きにみられる。一九九九年に、イギリスは欧州議会選挙（イギリス選挙区）で、それまでの小選挙区制度を捨て、比例代表制（ドント式）での選挙制度を導入した。その結果は甚大で、英自民党や、ＵＫＩＰなどが進出した。

二〇一〇年五月のイギリスの総選挙では、第一位の保守党も第二位の労働党も過半数に達せず、「宙吊りの議会」(hung parliament) となった。自民党は、選挙制度の抜本改革となる比例制導入の国民投票実施を連立条件として、これを保守党に受諾させた。二〇一一年五月に国民投票が実施され、結果は否決されたが、自国の選挙制度のいびつさが、比例制をとる欧州民会での小政党の進出で浮きぼりにされ、二大政党制も大きく揺らいでいる。

選挙制度を変えることなどありえないとしたサッチャーの主張は、ここでも敗れたのである。ＥＵを通したヨーロッパ統合が、下院議会の選挙制度の変更という国内政治の核心部分にまで影響を及ぼしつつある。ＥＵの国内政治への様々な影響は、イギリスのみならず、加盟国法のＥＵ法との調和化という過程のなかで、他のＥＵ加盟国の政治でも見られるのである。

なおヨーロッパ統合の加盟国への影響に関連して、欧州議会自身がＥＵ全加盟国を単一の選挙区とする超国家的議席を創設する案をここ一〇年温めており、二〇一〇年四月一二日、欧州議会の憲法問題委員会は、アンドルー・ダフ議員（イギリス選挙区、欧州自由民主改革党）を中心に、二五名の議席を別枠として、新設する画期的な内容を持つ選挙制度の改正案を提示した（欧州議会文書 PE440. 210v02-00）。

現在でも、欧州議会選挙では、候補者と有権者は国家を超えて、居住期間や加盟国が定める立候補資格などの条件を満たせば、どこでも投票でき、どこでも立候補できることが「欧州市民権」として確立している。実際、国家を超えて当選した事例は、フランスの著名な政治学者モーリス・デュベルジェがイタリア選挙区に共産党候補として名簿に登載され当選したことなど若干の実績をみる。ただし、選挙区は現在まで加盟国ごとに存在している。それゆえ、上記の案が実現すれば、加盟国に足場を置かず、純然とヨーロッパをめぐる利害で争い、ヨーロッパの利益を代表する候補者が選出されることになる。文字通り超国家的議員の誕生となり、欧州議会史上のみならずヨーロッパ統合史上でも画期的なこととなる。

その実現性を別にしても、ＥＵでは政治同盟の最先端で、かくも斬新な企画が構想されているのである。

5 「エヴァー・クローサー・ユニオン」(ever closer union) ——ヨーロッパ統合の行方

ヨーロッパ統合運動は、国境を超えた経済市場の完成と、それに相応する単一の政治空間を形成することであり、確実にそれに向かって邁進しつつある。そして、そのことのゆえに、加盟国の主権的権限とＥＵの連邦的主権の間で、大きな試練を経験しつつある。

ＥＵはとこまで統合を進めるのか。言い換えれば、加盟国はどこまで国家の主権的権限をＥＵに譲渡するのかということである。今のところ、条約にはそれは明記されていない。ただし、その明確な目標を示すフレーズはある。ever closer union がそれである。

この表現は欧州経済共同体（EEC）条約で登場し、二一世紀のリスボン条約に至るまで維持されているヨーロッパ統合の方向性を示すキーワードで、「いっそう緊密な同盟」という意味である。すなわち、これはヨーロッパ統合の最大到達点が何かを曖昧にした過程の概念である。EUの連邦主義研究の権威マイケル・バージェスによると、European Unionという言葉は、国家連合であるとする「欧州連合」を目指す勢力と、国家主権の移譲を進めていく連邦的統合推進派の両陣営がそれぞれに満足できる言葉であったと述べている（M. Burges, *Federalism and European Union: Political Ideas, Influences and Strategies in the European Community. 1972-1987*）。EUの到達点が何かという問への曖昧さを残しつつ進んでいるのが、ヨーロッパ統合である。

しかし、わが国ではEUに「欧州連合」という訳語を当てることで、EUの持つ連邦的統合に向かう豊かさを全て捨象《しゃしょう》し、最終到達地点さえ「連合」と固定させ、EUの国際連合や東南アジア諸国連合（ASEAN）などの国際協力組織との違いをほとんど識別できないでいる。

繰り返すが、ヨーロッパ統合の父、ジャン・モネは、最終目標として「欧州合衆国」を目指したのであり、「欧州連合」を目指したものではおよそなかった。また国家主権の重要な部分を加盟国が保持したままの「欧州連合」であれば、ドゴールやサッチャーなどナショナリストのあれほどの危機感と抵抗を強めることもなかった。EU

は、モネの路線上にある。

ヨーロッパ統合はなぜ進むのか、いかなる政治原理を内含していたのか、そして、ナショナルな勢力がなにゆえに、ＥＵとヨーロッパ統合に反発するのかを本書でみてきた。それこそが本書のテーマであった。地理的な環境ゆえに国家の主権を当然視する日本であるが、ヨーロッパでは合意による主権の移譲が進みつつある。

国家の主権的権限とＥＵとの相克は、二一世紀を迎え、いよいよ財政、租税、軍事という加盟国の国家主権の最後の砦にまで及びつつある。ユーロ危機との関連で、ＥＵ税導入の検討も報じられた（『日本経済新聞』二〇一〇年九月二三日）。ＥＵ加盟国の中には、当然ＥＵの連邦主義に反対する勢力も国家もある。常にこの両陣営の綱引きのなかで、ＥＵが構築されていく。すでにユーロ圏と非ユーロ圏に見られるように、統合を推進する国家が「核《コア》」を構成し、統合の度合いを反映した多段階統合が実践されている。今後もその形で進むであろう。

付記

「連邦」（federalism/federation）という言葉と、「連合」（association/confederation）という言葉は、国際統合の理論上、峻別される必要がある。特に国際統合組織であるＥＵと国際協力組織である国際連合という組織に表されるように、国家から主権的権限の移譲をうけた連邦的組織か、国家の主権的権限を維持した国際協力組織かでは、組織原理の決定的相違がある。シューマン・プランでは、欧州連邦の一歩と宣言している。連邦と連合は対置する概念で、「水的な火」、あるいは「油的な水」というほどに形容矛盾する言葉である。ヨーロッパ統合の歴史に目を向けるとき、ＥＵを「欧州連合」とする表記は、ヨーロッパ統合の進展で年ごとに深まる連邦的な豊かさと方向性をまるで表現しえない。しかも同じユニオンを政治同盟、関税同盟、通貨同盟とし、総体を欧州連合とする訳し分けは現地欧州でも存在しない。この「欧州連合」の表記の採用に関して、故片山謙二日本ＥＵ学会初代理事長をはじめ、理事長経験者の実に五名が「欧州連合」の表記を否定または疑問視しており、「欧州同盟」を使用している。

なお、日本語のＥＵ表記「欧州連合」に対して、その使用停止と「欧州同盟」への変更を求めた欧州社会党（一九九六年当時、欧州議会の最大政党）の欧州委員会への書面質問が出されている。

これについては、同志社大学に寄稿した以下の拙文を参照されたい。（「『欧州連合』という日本語表記問題再訪――ＥＵ研究における言葉と認識の問題」『同志社大学ワールドワイド・ビジネスレビュー』第三巻第二号、二〇〇二年、一一六―一二三頁 http://www.rcwob.doshisha.ac.jp/review/3_2/3_2_116.pdf）。

第13章

議院内閣制に接近するＥＵ

――ユンケル、メルケル、キャメロンと欧州委員長選出過程

前著では主に二〇一〇年までのヨーロッパ統合の動きを政治指導者を追いつつ、捕捉した。その後四年半を経たが、それでもヨーロッパ統合は、倦むことなく進んでいる。

ＥＵは単なる国家の連合体ではない。単にガバナンスという漠たる言葉ではなく、連邦的政治組織を加盟国の合意の上で、統治の制度とＥＵ法の裏付けを持ちつつ、着実に発展させている。実際、二〇一四年ＥＵは統治構造上また一つ大きな進展をみた。それは『フィナンシャル・タイムズ』（二〇一四年六月二七日付）が「歴史的な権限の移行」（A historic shift of power in the EU）と記したような大きな変化であった。

有り体に言えば、ＥＵの統治構造、特に議会と行政府の関係で、ＥＵの行政府の長がＥＵ市民から直接選出される米国型に向かうのか、議会の多数派が政権を構築するイギリス型の議院内閣制的方向に向かうのか、というＥＵ統治の根幹にかかわる長年の問題に対して、一応の決着をつけた事件であった。

本書の最終章として、「スピッツェンカンディダーテン」（spitzenkandidaten）という舌を噛みそうなドイツ語で語られるＥＵの行政府である欧州委員会の長の選出を巡るＥＵの政治過程を、そこに深くかかわったルクセンブルクのユンケル、ドイツのメルケル、イギリスのキャメロンの三人の政治指導者を取り上げつつ、見ていきたい。

1　欧州委員長の新選出手続と脚光を浴びる ジャン＝クロード・ユンケル

まず最初に取り上げる人物はジャン＝クロード・ユンケル（Jean-Claude Juncker）。ルクセンブルクの前首相である。ユンケルはまさにspitzenkandidatenで一躍、時代の人となるが、ユンケルといえば、わが国ではほとんど知名度がない。しかしＥＵでは政治家ユンケルは、特に金融関係者になじみのある名前であった。

二〇〇九年一〇月のギリシャの政権交代時に暴露された粉飾決算を契機として起きたあのソブリン債（国債）危機があり、それが転じて発生したユーロの全般的危機の渦中において、兼務していた財務相からなるユーロ・グループの議長として、そのトラブル・シューティングに努めた人である。ちなみにユーロ・グループとはＥＵ内でユーロを発行している国家から成り、リスボン条約で設置された通貨問題を扱う金融財政担当相の合議機関である。通常、ＥＵの経済財政担当相理事会の直前にユーロ圏の統一的な意思形成を目的として開催される。

そのユンケルは、一九五四年一二月生まれ。二〇一五年現在六〇歳で、二万三〇〇〇人からなるＥＵ行政府のトップの欧州委員長の職にある。日本では無名とはいえ、彼は一九九五年から二〇一三年まで一八年にわたり、民主的に選出された首相として、

ＥＵ加盟国で最長在任記録を保持している。そして二〇一四年一一月以降、二期一〇年を務めたバローゾ欧州委員長の後任の地位にある。

　ユンケルの父は鉄鋼労働者であったが、第二次世界大戦ではドイツに占領されたルクセンブルクにあって、ドイツ国防軍から徴兵され従軍している。ジャン＝クロード自身は幼少期はベルギーで、中等教育のリセはルクセンブルクで、さらに大学はフランスのストラスブール大学法学部で学び、一九七九年に修士号を取得。独、仏、ベルギーに囲まれた都市国家ルクセンブルク出身らしい経歴を持っていて、英独仏の言語に通じている。

ジャン＝クロード・ユンケル
(1954－　)

　政治的経歴としては在学中の一九七四年からキリスト教社会人民党に所属し、一九八四年に国会議員に初当選し、直ちに労働相としてサンテール内閣のメンバーになった。その後、順調にキャリアを重ね、上述したルクセンブルクの首相として、さらにはユーロ圏議長としてユーロ危機の事態収束に尽力する。二〇一四年に時の人となるのはその直後のことである。

　すなわち、自国の党がＥＵの欧州政党として所属する欧州人民党の党内予備選挙で、同党が欧州議会選挙で勝利した後、同党を代表して、欧州委員長候補、すなわちspitzenkandidat（leading candidate）となるのである。実際、その後彼は欧州委員長に就任した。ＥＵでは大国主義が指摘されることがあるが、このルクセンブルクは小国ながら、ガスト・トルン（第七代）、ジャック・サンテール（第九代）に続き、ユンケルと欧州委員長を三名も輩出している。

2 ユンケルを時の人とした spitzenkandidaten とは

ところで、ルクセンブルク首相のこのユンケルを時の人とした spitzenkandidaten について述べていこう。

spitzenkandidaten とは、現行EU条約であるリスボン条約で導入された欧州委員会の長の任命手続にかかわるEUの新語であり、二〇一三年になって急速にメディアに登場したドイツの選挙用語である。その直接的意味は、比例名簿第一位者や党内候補を選ぶ予備選のトップの候補を指す。語尾の en は複数であり、英語でいえば leading candidate(s)。欧州議会選挙でも連邦議会選挙でも比例代表制が使われているドイツに、その語が由来することに、深い意味がある。

この spitzenkandidaten とは、EUのコンテキストでいえば、狭義には欧州政党による欧州委員長候補を選ぶ各欧州政党内の予備選挙活動と、そこで選出された候補をいう。また広義には欧州政党各党内での予備選挙を通した欧州委員長候補の選定に始まり、欧州議会選挙と、その結果を考慮した欧州理事会での候補者の合意形成と提案、それを受けた欧州議会本会議での選出という、リスボン条約で導入された議院内閣制に近似した一連のＥＵの手続と政治過程の総称と定義できる。spitzenkandidaten 過程とは、いいかえれば、欧州委員長の選出をめぐる欧州理事会（加盟国政府）と欧州議会のＥＵ内の機関間関係の政治力学ともいえる。すなわち欧州議会の選挙にＥＵの行政府の構成を連動させ、ＥＵの代表民主主義の強化とそれによる正統性の確保を狙い、更にはＥＵの統治構造を議院内閣制的方向に向かわせ、欧州議会優位へとさらに大きく変える制度変更である。

実際、その重要性から二〇一四年にかけてこの spitzenkandidaten という語は、急速に現地のメディアに登場した。しかもこのドイツ語は英語圏世界でも、エコノミスト誌や、独有力週刊誌デア・シュピーゲルの英語版が定冠詞の The や複数形の s をつけて The spitzenkandidats などと英語化して使用しはじめており、英語としても定着しつつある。

これが画期的であったのは理由がある。それまではＥＵの行政府である欧州委員長の任命にあたっては、加盟国政府（その後は欧州理事会）が独占的な指名権限を持っていて、欧州議会は事実上の追認機関でしかなかったからである。

ＥＵは本書の前半部分で指摘したように、六〇年余を経て、欧州議会、欧州理事会・閣僚理事会、欧州司法裁判所、欧州中央銀行などを備えるまでに至った。しかし、ユーロ危機で問われたように、そしてまた政治同盟という政治的局面でも、ＥＵが連邦制に向けた統治構造の整備を進めているものの、その過渡期的性格を反映して、制度の不備と中途半端さを露呈していた。それゆえのユーロ危機であった。ＥＵの正統性が問われるという事情は、政治分野でも全く同様である。

たとえば、欧州議会選挙と構造的な低投票率がそうである。欧州議会選挙法も条文数も限られており、原則を明記しただけで、その実施は個別加盟国に委ねられており、欧州市民権を規定したとはいえ、基本は国家を選挙（投票）区としている。ＥＵを統一的な単一欧州選挙区として選挙を戦わせる規定は依然見通せない将来のことである。従って欧州議会選挙は国家の政府の信任投票の色彩が強く「国家の二義的選挙」と形容されてきた。

しかも、最大の欠陥というべきは、ＥＵにあっては、有権者は加盟国の議会の選挙とは違い、行政府を有権者の意思で構築できないという状況が続いてきた。言い換えれば、有権者はどの党に、そして誰に投票してもＥＵ政治に何らの影響も及ぼせないばかりか、欧州議会選挙は国内政治の延長であり、国内の政治が争点となり、ＥＵ問題が政治争点になりがたい傾向を持っていたのである。その結果、一九七九年にそれまでの加盟国議会との兼任制の議会から直接選挙された議会に変わった後も、回を追うごとに選挙では投票率は低下傾向を続けてきた。

低投票率となれば、ＥＵの議会である欧州議会はＥＵ市民を体現するというＥＵ側

投票率の推移（%）								
1994	1995	1996	1999	2004	2007	2009	2013	2014
90.66			91.05	90.81		90.39		89.64
52.92			50.46	47.89		59.54		56.30
60.02			45.19	43		43.27		48.10
43.98			50.21	58.58		58.64		52.44
52.71			46.76	42.76		40.63		42.43
73.6			69.76	71.72		65.05		57.22
88.55			87.27	91.35		90.76		85.55
35.69			30.02	39.26		36.75		37.32
36.43			24	38.52		34.7		35.40
73.18			70.25	63.22		52.61		59.97
59.14			63.05	45.14		44.87		43.81
35.54			39.93	38.6		36.77		33.67
	41.63		38.84	37.85		45.53		51.07
		67.73	49.4	42.43		45.97		45.39
		57.6	30.14	39.43		38.6		41.00
				28.3		28.22		18.20
				26.83		43.9		36.52
				72.5		59.4		43.97
				48.38		20.98		47.35
				41.34		53.7		30.24
				38.5		36.31		28.97
				82.39		78.79		74.80
				20.87		24.53		23.83
				28.35		28.37		24.55
				16.97		19.64		13.05
					29.22	38.99		35.84
					29.47	27.67		32.44
							20.84	25.24
56.67	-	-	49.51	45.47	-	43	-	42.54

表２　欧州議会選挙の各国別

国　名／年	1979	1981	1984	1987	1989
ベルギー	91.36		92.09		90.73
デンマーク	47.82		52.38		46.17
ドイツ	65.73		56.76		62.28
アイルランド	63.61		47.56		68.28
フランス	60.71		56.72		48.8
イタリア	85.65		82.47		81.07
ルクセンブルク	88.91		88.79		87.39
オランダ	58.12		50.88		47.48
イギリス	32.35		32.57		36.37
ギリシャ		81.48	80.59		80.03
スペイン				68.52	54.71
ポルトガル				72.42	51.1
スウェーデン					
オーストリア					
フィンランド					
チェコ					
エストニア					
キプロス					
リトアニア					
ラトビア					
ハンガリー					
マルタ					
ポーランド					
スロベニア					
スロヴァキア					
ブルガリア					
ルーマニア					
クロアチア					
EU 平均	61.99	-	58.98	-	58.41

（出所）TNS/Scytl in cooperation with the European Parliament

の文言も名ばかりとなり、ＥＵにおける代表民主主義の要である欧州議会の正統性を痛撃し、ＥＵ解体やＥＵ離脱を声高に唱える反ＥＵ派を利するのみならず、ＥＵ自体の存在理由さえ問われる事態となるのである。

実際、この章で対象とするユンケルを時の人とした spitzenkandidaten が導入されたのは、ＥＵの重要政策領域で痛撃されたＥＵの制度的不備と正統性の問題の深刻化を背景にしていたのである。欧州議会専門家のヒックスとホイランドはこの点を以下のように記していた。

「欧州議会選挙では有権者は、いかなる意味においても、ＥＵレベルでの異なる政策間の選択も、権力を行使する者も選出できない」（*Hix and Høyland, The Political System of the European Union*）。

この投票率の漸減傾向がリスボン条約による欧州委員長選出関係条文の変更の重要な契機となったのである。

リスボン条約は現行ＥＵ条約であるが、二〇〇九年末に発効し、特に欧州委員会の長の選出に関して、第一四条、第一七条でＥＵ条約の改正を行い、その選出にあたって、「欧州議会の選挙結果を欧州理事会が考慮する」こと、そして欧州理事会が欧州議会に候補を提案すること、その際加重特定多数決で行い、最終的には、欧州議会が「選出する」と改められたのである。

これは欧州議会の行政府構築への関与を考える場合、画期的なことであった。それまでは欧州理事会が欧州委員長候補を指名するというように、欧州理事会に圧倒的権限があり、欧州議会はそれを承認するだけでしかなかった。しかも、欧州理事会では全会一致でこれを行っていた。

過去の事例では、一九九四年に欧州統合に積極的なベルギー首相のデハーネが、その連邦的性向を理由に、鉄の女マーガレット・サッチャーの子飼いのイギリス首相ジョン・メージャーにより拒否権を使われ、阻止されることさえあった。

それを想起すると、リスボン条約による spitzenkandidaten の導入は、欧州理事会の指名権を提案権に変え、しかも、最終選出権限を欧州議会に移したという意味で、「権力のシフト」と評したフィナンシャル・タイムズがいうように、国家とEU機関の権限関係をまた一つEU側に傾斜させたのである。

欧州議会選挙の投票率の推移は表2の通りである。

3　欧州委員長選出に向けた欧州政党の実践の始まりと予備選挙の動向

リスボン条約の改正は行われたものの、「欧州議会選挙結果を考慮する」とは何を指すのかも含め、詳細はEUのアクターによる政治的実践に委ねられ、その実践過程を通して新委員長の選出と任命が定式化することになった。欧州委員長の新たな選出手続の導入を受け、欧州議会の統合推進派の各欧州政党はこの機を逃さず、ただちにその政治的実践に向かった。

欧州議会における低投票率がEUの正統性を揺るがすという認識に立つ欧州委員会も、二〇一三年三月に各欧州政党にたいして、欧州委員長候補の党内選出を呼び掛ける文書を出した。欧州議会の権限拡大に対して欧州委員会もそのラインでこれを進める姿勢を示したのである。各欧州政党が、この spitzenkandidaten に対して、いかなる対応を見せたのか、その動向を見ていこう。

spitzenkandidaten と欧州政党

ところで、欧州委員長の党内候補を選出する予備選挙を実践する主体は欧州政党であるが、「欧州政党」とはなんであろうか。第1章で少し触れたが、EUを導入したマーストリヒト条約において最後の段階で明記された政治組織であり、EUの代表民主主義を具現化する組織として位置付けられている。もとより欧州石炭鉄鋼共同体の共同総会の頃から自然発生的に国家横断的に形成され、欧州議会となって以降、着実にその重要性を増していった。

ちなみにEU加盟国では、議会の「政党」は三層構造になっている。まず国内政党（national party）がある。そして第二にその友党が形成している欧州政党（European

Party)。そして第三が欧州政党をベースとして議会活動を実践する欧州議会の場での新会期ごとに編成される院内会派(European Parliamentary Group)の三つである。

欧州政党は、欧州議会では欧州政党単独か、あるいは政治目的が近い他の議員や集団で連携し、国家横断的な会派を形成している。それゆえ欧州政党と欧州議会の院内会派名が異なる場合が往々にしてある。欧州社会党がその事例で、二〇〇九年にイタリア民主党を加えたために院内会派名を社会民主進歩同盟(S&D)に変更した。欧州政党は比較して恒常的性格を持つ一方で、院内会派はその時々の情勢で組織名を変えるなど、流動的である。欧州政党の専門家スティーブン・デイ(大分大学教授)はその関係を「三位一体」(trinity)と表現している。

各欧州政党が欧州委員長の党内選考である予備選に対してどう動いたかに戻ろう。

欧州社会党

欧州委員長候補の党内選考で最も早い対応をとったのは、欧州議会第二勢力で加盟国の社会民主主義勢力を糾合する欧州社会党であった。この政党は社会民主主義を標榜する政党の連合体である。欧州社会党は、二〇〇九年の選挙で欧州人民党に大きく水をあけられた反省もあり、積極的にこの制度の変更に基づく党内予備選挙に取り掛かった。党内での欧州委員長候補選考規定を策定し、そして二〇一四年三月一日にローマでの臨時党大会においてドイツ社会民主党出身で、欧州議会議長(二〇一二年一月就任）のマーチン・シュルツを党内選考で九〇％を超える支持をもって、候補として選出した。ちなみにイギリス労働党の代議員はドイツ社会民主党出身のシュルツには賛成票を投じなかった。

その他の欧州政党

欧州委員長候補の党内予備選では欧州自由民主党や欧州緑の党、統一左翼も加わった。これらの党はそれぞれ党内選考規定を制定し、それに基づき、欧州自民党はベルギーの元首相ギイ・ヘルホーフシュタットをその候補として選出した。欧州緑の党はインターネット選挙を実施し、独仏の国籍を持つ男女二名の候補を共同候補として選出した。またEU加盟国の共産党勢力を糾合する欧州統一左派・北方緑はギリシャのソブリン債危機で名を馳せた左翼政党シリザのツィプラス党首を候補として選出した。

欧州人民党

欧州議会最大勢力の欧州人民党は最も遅れて党内選考に取り組み、最終的には欧州社会党と同じく二〇一四年三月に臨時党大会をアイルランドのダブリンで開催し、ユンケルを党内候補として正式に選出したのである。かくして主要欧州政党の党内候補は出そろった。

英政府の欧州政党ＡＥＣＲの不参加と反ＥＵ政党の「積極的放棄」

しかしすべての欧州政党が spitzenkandidaten 手続を受け入れ、この過程に乗ったわけではなかった。ＥＵ統合推進派の諸党が予備選挙を実践したのと対照的な動きを示す欧州政党もあった。特に、ＥＵ統合に対して国家主義的価値を重んじ、ＥＵの連邦的統合に懐疑的立場を示す政党や反ＥＵの姿勢をストレートに示す政党がそれである。

二八のＥＵ加盟国にあって、有力国の中で、ＥＵから最も遠い距離を持つのがイギリスであるが、政権を担う英保守党を中核とする欧州政党である欧州保守改革（The Alliance of European Conservatives and Reformists AECR）がその代表であった。保守党は二〇〇九年まで、最大勢力を誇る欧州人民党に属していた。だが、同年の議会選挙を契機にして、欧州人民党が連邦推進勢力であるとし、それへの反発から欧州人民党とたもとを分かち、みずからが中心となりＡＥＣＲを形成していたが、spitzenkandidaten 手続を無視し、不戦敗を決め込んだ。

イギリスにはＥＵ脱退をその最大の政策目的とする英独立党（ＵＫＩＰ）もあるが、同党を核として院内会派のＥＦＤ（二〇一四年にＥＦＤＤと改名）を形成していたが、spitzenkandidaten への不参加では、ＡＥＣＲに従った。またフランスの極右勢力の国民戦線（フロン・ナチオナール）は欧州政党としてはＥＡＦに属していたが、欧州委員長候補を選ぶ党内予備選挙の過程に加わることを拒否した。ＡＥＣＲなどの不参加の理由は、これらのＥＵ懐疑派もしくは反ＥＵ党が、spitzenkandidaten 過程に参加することは自らが反対するＥＵの連邦的統合の過程に身を置くことになるというものであった。いわば「積極的放棄」をしていた。

特にイギリスは政権与党がそうであるから、独仏の主力政党の統合派との溝を大きくすることになった。ちなみにイギリスでは一九七三年のＥＵ（当時ＥＥＣ）加盟後の労働党は欧州議会に議員をしばらく出さなかったことや、一九七五年のウイルソン首相によるＥＵ残留を問う国民投票の実施に見られるように、二大政党ともにＥＵと距離を置く雰囲気が強く、第二党の労働党でさえ、欧州社会党の欧州委員長の党内候補選考ではマーチン・シュルツ欧州議会議長には投票せず、わずかに親ＥＵ派である英自民党が二〇一四年の欧州議会選で壊滅的大敗を喫したこともあり、イギリス全体がＥＵ政治の文脈においては、ほとんどＥＵの主流派の外にある状況に至った。

さて、この状況下で、ＥＵの意思決定で最も大きな影響力を持つ欧州人民党に所属するドイツ最大政党のキリスト教民主同盟（ＣＤＵ）の党首のメルケル首相はどういう立場をとったのだろうか。すべてがこの女性宰相の意思に委ねられていたからである。

4　女性宰相アンゲラ・メルケル

政治家メルケルの誕生

彼女の出自については本書第11章で少し記したが、ここで敷衍《ふえん》しておこう。彼女は、「宰相メルケル」という表現を使われるように、現在の欧州とEUにおいて最も影響力を行使する女性指導者である。このアンゲラ・メルケルは、祖父母をたどれば、ポーランド系の背景をもち、福音主義派の牧師をしていた父と教養豊かな母の間に一九五四年に西ドイツ（一九九〇年東西ドイツ統一）のハンブルグで生を得ている。実に運命のいたずらというべきで、彼女自身がドイツ現代史そのものを物語るように、生後間もなく、父の布教活動の関係で東ドイツに家族が赴任し、東西冷戦の象徴であるベルリンの壁の外、つまりドイツ民主共和国で成長する。大学では物理学を専攻し、博士号を得ている。ロシア語にも堪能で、ドイツ語ができるプーチンとは、通訳なしでも会話できるといわれている。

東西統一を迎える末期に旧東ドイツで政治の世界に入り、一九八九年のベルリンの壁崩壊の翌年、最初で最後となる民主的な東ドイツの総選挙で政権を担ったデメジエール政権で副報道官を務めた。彼女が属していた「民主主義の出発」(Demokratischer Aufbruch) がヘルムート・コール首相率いるCDUと連携していたことから、統一ドイツとして最初となる一九九〇年の総選挙に、そのままCDU候補として出馬、当選。東西融和の政治的考慮もあり、その象徴ともいうべき人事により、コール首相の抜擢で、直ちに閣僚に就任している。

一九九八年にはコール政権が同党の政治献金問題で支持を落とし下野したが、野に下った間の二〇〇〇年四月に、東独出身者として初のCDU党首に選出。二〇〇五年ゲルハルト・シュレーダー社会民主党から僅差で政権を奪還して以降、現在に至っている。メルケルの現在の夫は大学教授であるが、自身は前夫の姓を維持している。

メルケルの欧州大学院大学演説

一九八九年の英首相マーガレット・サッチャーが欧州大学院大学で行ったEUへの挑戦的な「ブルージュ演説」については第9章で記した。ドイツ最初の女性宰相となったメルケル首相も二一年後の二〇一〇年一一月同じく欧州大学院大学で開講式典に招かれ、演説をしている。

統合推進の中核を担うドイツのメルケル首相は、理系出身、女性、保守主義者という共通項から、マーガレット・サッチャーのあだ名「鉄の女」をもじって、「鉄の御嬢さん」(eisernes Mädchen) と呼ばれるが、戦後ヨーロッパ統合にたいする見方は決定的に相違しており、その演説は二人の女性宰相の対EU認識を示して実に興味深い。

メルケルは以下のように、それを語っている。

ドイツ統一は、それに先立つポーランドの連帯運動や中東欧諸国の民主化運動に続くものであり、それなしでは考えられなかったこと、それに東独の人の勇気とヘルムート・コール首相の先見の明に負うと述べ、ドイツは、ヨーロッパはもとより、米国を含む世界の信頼を獲得している。ドイツは欧州において経済力を持つ国家として、現下のユーロ危機に責任を持っていること、ヨーロッパ統合に確信を持っていること、通貨同盟についても決然としてこれを守るとし、自国の連邦議会で語った通り、「ユーロが失敗すれば、ヨーロッパも失敗する」(Scheitert der Euro, scheitert Europa)と明言した。またEUの構想は、「断固としたものであり、結束力をもって世界におけるEUの利益を求める単一の同盟(a union)」という認識を表明した。

(https://www.coleurope.eu/content/news/Speeches/Rede% 20Merkel% 20Europakolleg% 20Bruegge.pdf)

5 メルケルと欧州委員長選出

メルケルの逡巡《しゅんじゅん》

上述の演説にあるように、メルケルはサッチャー英首相とも違い、ＥＵ統合にはドイツ政治家としてゆるぎない信念を持っていた。それでも彼女はＥＵの行政府である欧州委員長の選出にあたって、欧州議会選挙を考慮するという新たな制度には「逡《しゅん》巡《じゅん》」していた。

すなわち、欧州議会の主要な欧州政党が考えるように、欧州議会選挙で第一位になった政党から欧州委員長候補を欧州議会に提案するとなれば、欧州理事会を通して、それを構成する加盟国政府がそれまで排他的に行使していた指名権を喪失する危険性を案じていたのである。そうでなくとも加盟国は、欧州理事会において多数決で提案する提案権者に後退していた。もし欧州議会選挙結果を受けた同議会の主要会派の合意を自動的に受け入れれば、欧州理事会に付与されたその提案権さえ実質的に奪われることも考えられたからである。

実際、この彼女の逡巡《しゅんじゅん》は、二〇一三年一〇月二五日にオンラインＥＵ情報サイトの「ＥＵオブザーバー」が伝えた言葉に表れていた。それによれば、彼女は「(予備選での一位となる) 候補者たちと、どの職位へ就任するかの間には、いかなる自動的性格があるとは見ていない」(I don't see any automaticity between top candidates and the filling of posts) と語っていた。ちなみに欧州理事会議長のファンロンパイも同様に、欧州政党が抱く過剰な期待感を戒めように、欧州委員会の権限が現状のままであるとすれば、それは単に幻滅をもたらすだけだと、語っていた。

二〇一三年末にはドイツの政権与党のＣＤＵが欧州委員長の候補としてユンケルを支持することを表明し、欧州議会選挙も迫った翌年三月の欧州人民党臨時党大会でＣＤＵ代表団がユンケルに投票するに至って、その立場は決定した。すでにメルケル独首相にとって、ユンケル支持は既定路線となり、その後も後述するキャメロンの説得工作があったが、この方針を変更することはなかった。

なによりメルケルにとっては、ルクセンブルク首相で欧州委員長候補のユンケルについては、ユーロ・グループの議長としてギリシャのソブリン債に発するユーロ危機をともに乗り切っていた仲でもある。また上述の如く、ユーロが失敗すれば、ＥＵ統合は失敗するとまで語っていた。さらにドイツの国内メディア動向も大きな意味を持っていた。

ドイツ・メディアとフランス元首相ロカールの反応

ＥＵ脱退をあおるイギリスのタブロイド紙などとは正反対に、ドイツの大衆紙『ビルト』も高級週刊誌『シュピーゲル』も、主要な欧州政党による予備選と、そこで選出された候補の正統性を強調していた。『ビルト』は「ユンケルこそ欧州委員長になるべきである」と、後述するキャメロンの反ユンケル工作を厳しく批判していた。また『フランクフルター・アルゲマイネ』紙もキャメロンには「退却と敗北」(Rückzug und Niederlage）の選択しかないと書いた（08. 06. 2014)。

実際、それらは、欧州議会選挙で正統な候補となったユンケルが選ばれなければ、以前のような国家首脳による裏取引に戻り、民主的意思の行政府の構成への反映という条約改正の趣旨と、それに応じて投票した有権者の意思に反すると書き立てていた。ビルト紙はユンケルが選ばれないと、かつての非民主主義の抑圧的な東独の状況になると、主筆が書いていた（拙稿「二〇一四年欧州議会選挙と spitzenkandidaten」『海外事情』拓殖大学、二〇一四年一二月号)。

また欧州統合をドイツとともに推進してきたフランスではルペンの国民戦線が声高にユンケルと spitzenkandidaten を非難していたが、フランス社会党では、とりわけ英首相キャメロンのユンケルおろしを非難する声が強かった。ミッテラン大統領の下で首相を務めたミッシェル・ロカールは、キャメロンの反ユンケル・キャンペーンを激しく非難していた。八〇歳を遥かに超えたこの老社会主義者は、「ＥＵを死に追いやる愚行」として、結局四二年間ＥＵにいてイギリスは何を学んだのか、ＥＵを銀行とビジネスの利益に沿った貿易組織としてのみ考え、ＥＵを麻痺させただけではないかと述べ、「イギリスの友よ、ＥＵから出よ」（Amis Anglais, sortez de l'Union européenne）と六月五日付『ルモンド』紙に憤りを込めた（*Le Monde*. fr du 5 juin 2014）。

6　欧州議会選挙とその結果

ところで spitzenkandidat は欧州理事会が欧州委員長候補を提案するにあたって欧州議会選挙結果を考慮するという制度改革であったことは書いた。その前提となる欧州議会選挙の結果を見ておく必要がある。

ＥＵは、第八次となるその直接選挙を二〇一四年五月に実施した。結果を言えば、極右と反ＥＵ派の勢力の伸張はあったものの、ヨーロッパ統合の牙城を崩すほどのものではなく、統合推進派は欧州議会の多数派を維持したといえる。また第一党は欧州人民党であった。欧州人民党（ＥＰＰ）は前回比で四四議席と大きく議席を減らしたものの、二二一議席を得て相対一位となる。第二党は前回同様、欧州社会党（院内会

員の状況と欧州議会選挙結果（2014年11月21日現在）

議席数（前回比）	2014年欧州議会選挙結果各政党グループ議席数（下段は前回比）								確定投票率(%)（前回比）
	EPP	S&D	ECR	ALDE	GUE/NGL	Greens/EFA	EFDD	無所属	
751 +15	221 −44	191 +7	70 +16	67 −17	52 +17	50 −5	48 +16	52 +25	42.54 △0.46
18 +1	5 −1	5 +1	0 ±0	1 +1	0 ±0	3 +1	0 ±0	4 −1	45.39 △0.58
21 −1	4 −1	4 −1	4 +3	6 +1	0 ±0	2 −2	0 ±0	1 −1	89.64 △0.75
17 ±0	7 +1	4 ±0	2 +2	4 −1	0 ±0	0 ±0	0 ±0	0 −2	35.84 △3.15
11 —	5 —	2 —	1 —	2 —	0 —	1 —	0 —	0 —	25.24 —
6 ±0	2 ±0	2 ±0	0 ±0	0 ±0	2 ±0	0 ±0	0 ±0	0 ±0	43.97 △15.43
21 −1	7 +5	4 −3	2 −7	4 +4	3 −1	0 ±0	1 +1	0 ±0	18.20 △10.02
13 ±0	1 ±0	3 −1	4 +4	3 ±0	1 ±0	1 −1	0 −2	0 ±0	56.32 △3.22
6 ±0	1 ±0	1 ±0	0 ±0	3 ±0	0 ±0	1 ±0	0 ±0	0 ±0	36.52 △7.38
13 ±0	3 −1	2 ±0	2 +2	4 ±0	1 +1	1 −1	0 −1	0 ±0	39.10 0.50
74 +2	20 −9	13 −1	0 ±0	7 +1	4 −1	6 −8	1 ±	23 +20	42.43 1.80
96 −3	34 −8	27 +4	8 +8	4 −8	8 ±0	13 −1	0 ±0	2 +2	48.10 4.83
21 −1	5 −3	4 −4	1 +1	0 ±0	6 +3	0 −1	0 −2	5 +5	59.97 7.36
21 −1	12 −2	4 ±0	0 −1	0 ±0	0 ±0	2 +2	0 ±0	3 ±0	28.97 △7.34
11 −1	4 ±0	1 −2	1 +1	1 −3	4 +	0 ±0	0 ±0	0 ±0	52.44 △6.20
73 +1	17 −18	31 +10	0 ±0	0 −7	3 +3	0 ±0	17 +8	5 +5	57.22 △7.83
8 ±0	4 +1	1 ±0	1 ±0	0 −1	0 −1	1 ±0	1 +1	0 ±0	30.24 △23.46
11 −1	2 −2	2 −2	1 ±0	3 +1	0 ±0	1 +1	2 ±0	0 ±0	47.35 26.37
6 ±0	3 ±0	1 ±0	0 ±0	1 ±0	0 ±0	1 ±0	0 ±0	0 ±0	85.55 △5.21
6 +1	3 +1	3 ±0	0 ±0	0 ±0	0 ±0	0 ±0	0 ±0	0 ±0	74.80 △3.99
26 +1	5 ±0	3 ±0	2 +1	7 +1	3 +1	2 −1	0 −1	4 ±0	37.32 0.57
51 +1	23 −5	5 −2	19 +4	0 ±0	0 ±0	0 ±0	0 ±0	0 −3	32.44 4.77
21 −1	7 −3	8 +1	0 ±0	2 +2	4 −1	0 ±0	0 ±0	0 ±0	33.67 △3.10
32 −1	15 +1	16 +5	0 ±0	1 −4	0 ±0	0 ±0	0 ±0	0 −3	32.44 4.77
13 ±0	6 ±0	4 −1	2 +2	1 ±0	0 ±0	0 ±	0 −1	0 ±0	13.05 △6.59
8 +1	5 +2	1 −1	0 ±0	1 −1	0 ±0	1 +1	0 ±0	0 ±0	24.55 △3.82
54 +4	17 −6	14 −7	0 ±0	8 +6	11 +10	4 +2	0 ±0	0 −1	43.81 △1.06
20 +2	4 −1	6 +1	0 ±0	3 −1	1 ±0	4 +1	2 +2	0 ±0	51.07 5.54
73 +1	0 ±0	20 +7	20 −5	1 −10	1 ±0	6 +1	24 +11	1 −3	35.60 0.90

2014年12月。

表3　各加盟国首脳、欧州委

国	人口（万人）	構成比（%）	理事会票数	首脳が所属する欧州政党	欧州委員が所属する欧州政党	欧州議会第一党
EU	50,742	100	352	–	–	–
オーストリア	851	1.68	10	PES	EPP	EPP S&D
ベルギー	1,120	2.21	12	ALDE	EPP	ALDE
ブルガリア	725	1.48	10	EPP	EPP	EPP
クロアチア	425	0.84	7	PES	PES	EPP
キプロス	86	0.17	4	EPP	EPP	EPP S&D GUE/NGL
チェコ	1,051	2.07	12	PES	ALDE	EPP
デンマーク	563	1.11	7	PES	ALDE	ECR
エストニア	132	0.26	4	ALDE	ALDE	ALDE
フィンランド	545	1.07	7	EPP	EPP	ALDE
フランス	6,586	12.98	29	PES	PES	無所属
ドイツ	8,078	15.92	29	EPP	EPP	EPP
ギリシャ	1,099	2.17	12	EPP	EPP	GUE/NGL
ハンガリー	988	1.95	12	EPP	EPP	EPP
アイルランド	460	0.91	7	EPP	EPP	EPP GUE/NGL
イタリア	6,078	11.98	29	PES	PES	S&D
ラトビア	200	0.39	4	EPP	EPP	EPP
リトアニア	294	0.58	7	無所属	PES	ALDE
ルクセンブルク	55	0.11	4	ALDE	EPP	EPP
マルタ	43	0.08	3	PES	PES	EPP S&D
オランダ	1,683	3.32	13	ALDE	PES	ALDE
ポーランド	3,850	7.59	27	EPP	EPP	EPP
ポルトガル	1,043	2.05	12	EPP	EPP	S&D
ルーマニア	1,994	3.93	14	EPP	PES	S&D
スロバキア	542	1.07	7	PES	PES	EPP
スロベニア	206	0.41	4	無所属	ALDE	EPP
スペイン	4,651	9.17	27	EPP	EPP	EPP
スウェーデン	964	1.90	10	PES	ALDE	S&D
英国	6,431	12.67	29	AECR	AECR	EFDD

（出所）根岸隆史「EU（2）— 2014年欧州議会選挙結果とEUの展望」『立法と調査』No. 359

派名S&D）で七議席を増やし一九一議席となった。

第三位以下は、キャメロン英首相の英保守党を中核とする欧州保守改革（ECR）で七〇議席、四位は、定位置としていた三位から転落した欧州自民（ALDE）六七議席。五位は、統一左翼五二議席、六位は欧州緑五〇議席、七位は、最小政党としてのイギリスの反EU政党UKIPを主力とするEFDDの四八であった。なお院内会派を組めなかった個別の国家政党の出身者は無所属入りした。それは五二議席であった。

フランスの国民戦線やイギリスの独立党など、極右やEU懐疑勢力の伸びがメディアで大きく伝えられた選挙ではあったが、たとえば、マリーヌ・ルペンの仏国民戦線はフランス選挙区で二三議席を得て、オランド大統領を戴く仏社会党を遥かに凌ぐ勢力となった。だが、欧州議会についていえば、院内会派形成の国家要件の七カ国を満たせず、無所属入りを余儀なくされた。なお二〇一四年五月の欧州議会選挙の各党（院内会派）の獲得議席については表3参照。

選挙戦を終えて、各党（院内会派）の議席が確定したが、欧州人民党が第一党となり、議会多数派は一致して、ユンケルを欧州議会が推す候補とし、正式に欧州理事会に伝達した。

7　英首相キャメロン

欧州議会の選挙結果が出たことにより、舞台は欧州委員会の長候補を提案する権限をもつ欧州理事会に移ることになった。そこでの焦点は、なによりイギリスの保守党政権のキャメロン首相であった。なぜなら、英政府は労働党時代にリスボン条約を調印、批准していたにもかかわらず、欧州委員長選出の新規定にたいして反発し、ドイツやフランスのEU統合論者と激しく対立していたからである。

実際、彼は、もしユンケルが欧州委員長になるような事態となれば、イギリスは二〇一七年に行うイギリスでのEU残留を問う国民投票で、EU脱退に傾斜するよう作用すると語り、リスボン条約で導入されたspitzenkandidatenの遵守を求める陣営は、これはキャメロンによる「脅迫」であると、態度を硬化させていた。

事実、キャメロンは欧州人民党や欧州社会党といった他の主要な欧州政党とは違い、欧州議会選挙の結果を受けた候補者の提案を拒否し、デンマークのソーニング・シュミット首相に立候補を打診するなど、「非予備選候補」(non-spitzenkandidaten candidate) の提案の可能性を真剣に模索していた。そしてそれが叶わないとなると、欧州議会で相対一位となった欧州人民党が党大会で公式に選出した候補ユンケルを不適として、反ユンケル・キャンペーンを展開した。

デーヴィッド・キャメロン
（1966－　）

この徹底したユンケル排除に傾斜する英首相キャメロンの人物像について観ておこう。デーヴィッド・キャメロン（David Cameron）は一九六六年一〇月に生を得た。本章執筆時には四八歳。この章で登場したユンケルとメルケルはともに一九五四年生まれで、年齢の差は一二年ほどである。

キャメロンはパブリック・スクールのなかでも屈指の名門で、彼を含め実に一九名の英首相を輩出したイートン校（一四四〇年設立）に学んだ。そしてイギリスを代表するオックスフォード大学を出るというように、同国のエリートの典型として世に出た。

一九八八年には保守党の調査部に属し、二〇〇一年の総選挙で初当選し、政界入り。二〇〇五年には早くも保守党党首選に立候補。三九歳で保守党党首となり、二〇一〇年の総選挙では保革伯仲で、どちらも過半数に達しない、いわゆる「ハング・パーリアメント」（宙吊りの議会）のなかで、キャメロンは、ニック・クレッグの自民党との連立で、労働党政権の継続を阻止し、連立政権を樹立した。かくして、四三歳にしてイギリス政治史上ほぼ二〇〇年間で最年少として首相に就任した。現在議員としてはいまだ三期目でしかないことを考えれば、その異例の昇進ぶりをうかがい知ることができる。

そのキャメロンだが、「国内では我々すべてがサッチャー主義者である」と彼女の死去に際して語っていたものの、英独立党UKIPが反EUとEU離脱を掲げ、比例制を採る欧州議会での党勢拡大をうけて、保守党を揺さぶる状況に直面していた。

実際、保守党の中には、EU懐疑派が一〇〇名ほどはいる一方で、UKIPは一九九九年に欧州議会に初議席を得て以降、EU脱退を声高に唱え、しかも、二〇一四年の欧州議会選挙では、比例代表制ということで支持が議席に確実に反映し、政権与党の保守党や労働党を凌いで、国内第一党の地位を占めるまでに至った（表3参照）。

UKIPといえば、それまで小選挙区制度を採る下院議会では、議席ゼロという状況が続いてきた。キャメロン自身も二〇〇六年にUKIPを「変わり者で、間抜けで、隠れ人種差別主義者たち」と形容していた。だが、UKIPは欧州議会で目覚ましい勝利の余勢をかって、欧州議会選挙後も保守党の地盤を確実に侵食し、UKIPに鞍替えした旧保守党議員が下院補欠選挙で勝利するなど、二議席を連続して得るに至っている。党内結束とUKIPとの差別化を図るべくキャメロンはUKIP以上に反EU的態度をとることを求められていた。

ちなみに、欧州議会フランス選挙区でも、四人に一人が極右国民戦線に投票するという如く、イギリスと全く同じ状況が出現していた。事実仏国民議会では、英下院でのＵＫＩＰと同様、わずか二議席しかないマリーヌ・ルペン率いる極右の国民戦線が欧州議会フランス選挙区で最大勢力となったことを背景に国内政治にその影響力を行使している。

8　キャメロンの反ユンケル工作と二〇一四年六月の欧州理事会での惨敗

キャメロンの反ユンケル工作

イギリス国内におけるこのような反ＥＵ的雰囲気とそれに引きずられる党内事情を背景に、キャメロンは反ＥＵ勢力に対抗すべく、既に記したように、自党が二〇一五年五月に行われる総選挙に勝利したらという条件で、二〇一七年までにＥＵ残留の可否を問う国民投票を選挙公約に掲げるに至った。そして、spitzenkandidaten を含めＥＵの新たな動きを徹底して問題視し、特に連邦主義的とみなすユンケルを目の敵にしていた。欧州議会の権限拡大とゼロサム的な欧州理事会の権限縮小に強い危機感をもっていたのである。

ユンケルといえば、ユーロ・グループの長として、ギリシャのソブリン債（国債）

危機に際して、ユーロ安定化条約と、ＥＵ加盟にさらに厳しい財政規律を課す財政条約という二つの国際条約でこれを乗り切った功績がある。キャメロンといえば、一方で、ユーロの安定強化のための連邦的手法の必要を主張し、他方、ユーロ危機の収束で功績のあるユンケルについては連邦主義的であるという如く、ＥＵの側から見ると、まるで説得力のない対応をしていた。それほどまでにイギリスのキャメロン保守党政権は連邦主義を嫌い、二〇一四年五月の欧州議会選挙後、六月の欧州理事会の前に、ユンケル指名阻止工作に全力を挙げていく。

その重要な局面はスウェーデンで展開された。彼は、オランダやスウェーデンとの共闘を意識した「北欧連合」によるユンケル阻止を企図し、二〇一四年六月一〇日、スウェーデンを訪問したのである。

キャメロンは、そこでドイツのアンゲラ・メルケル、オランダのマルク・ルッテ、スウェーデンのフレドリック・ラインフェルトの首脳にたいして、また電話ではイタリアのマテオ・レンツィ、ハンガリーのオルバン首相にもユンケル阻止を働きかけた。この間、メディアではボートで舟遊びをする四首脳の写真が世界に配信されたが、表面は和やかにボート遊びに興じているが、裏では必死の反ユンケル工作がキャメロンにより展開されていたのである。

欧州理事会と英首相キャメロンの惨敗

そしてその時は来た。二〇一四年六月二六—二七日の欧州理事会である。すでにメディアはキャメロン敗北の可能性を伝えていたが、彼は最後まで妥協せず、史上初となる加重特定多数決による採決による勝敗を望んだ。結果は加盟国の数でいえば、イギリスを除けば、民主主義の内実が厳しく問われているオルバンのハンガリー一国のみ。二六対二という惨敗に終わった。

彼は「これはヨーロッパにとって悪き日」(This is a bad day for Europe) と述べ、他方、ドイツCDU出身で欧州人民党(院内会派)のウェーバー (Manfred Weber) 議長は「今日はヨーロッパにとって良き日」と応じた。

この後、欧州理事会からの欧州議会への提案を受けて、欧州議会は七月一五日本会議で議決し、賛成四二二、反対二五〇、棄権四七、無効一〇で最終的にユンケルを欧州委員長に選出した。可決に必要な過半数は三七六票であった。

ユンケルは、その後、加盟国から推薦されている他の欧州委員の選出作業に入った。この間、スロベニアが出した前首相アレンカ・ブラトゥシェクのエネルギー担当委員就任への不信任と候補者の差し換え、あるいはイギリス政府が出した金融担当委員候補についての二度にわたる欧州議会の公聴会、さらにはハンガリー政府が出したナブラチッチ・ティボル候補の職務替えなど、加盟国の主権的意思に基づく推薦人事についても、欧州議会の関連する各常設委員会はチーム・ユンケルの人事に影響力を行使したのである。欧州議会での公聴会を経て、「組閣」が完了。欧州議会は一〇月二二日賛成四二三、反対二〇九、棄権六七、投票不参加五二でユンケル委員会を承認し、二〇一四年一一月チーム・ユンケルは発足した。

結論

二〇〇九年に発効したリスボン条約で欧州委員長の選出関連の条文改正で、「欧州議会選挙結果を考慮する」という一文が設けられ、主要な欧州政党は、欧州委員会の求めに応じて、予備選挙を行い、spitzenkandidaten 手続の政治的実践に取り組んだ。もとよりイギリスのように、選挙結果を無視する形でのユンケル拒否の動きはEU条約が詳細規定を設けていなかったこともその背景にもあった。実際、すべてはこの規定をどうとらえるか、欧州政党などの政治的実践に委ねられていたのであった。

欧州議会の主流派は spitzenkandidaten を欧州議会の権限拡大の好機と捉え、そしてそれを実践した。これは一種、欧州議会から首相を選ぶ議院内閣制への接近ともいうべき結果となった。ただし投票率は、微妙に前回を下回る結果になった。欧州委員長選出の新規定がEUの有権者への投票誘因と機能するか、第九次となる二〇一九年の選挙を我々は注視する必要がある。投票率も注目点であるが、新規定が継続的にEU内で実践されるかも重要である。

イギリスは、次回の欧州委員長の選出過程については、何らかの修正が加えられることを期待している。特に、欧州理事会の後「議長結論」が出されたが、イギリスのメディアはそれを希望的に解釈している。だが、この議長結論を詳細に見れば、それはイギリスの主張を表面的に取り入れつつも、「条約を遵守しつつ」という重要な一文を挿入している。キャメロンは、本書刊行後ほどなく実施される五月の総選挙で勝利したらという前提付きだが、EUとイギリス側とで、見直し交渉を行った後二〇一七年に国民投票を行うとしている。

現段階で、その帰趨《きすう》を知ることは不可能だが、保守党が総選挙に勝って政権を維持したとしても、EUの到達目的について、永続的なものとする「ever closer union」（さらに緊密な同盟）という文言の削除も含め、EU条約の改正では全会一致という高いハードルが待ち受けている。ようやく合意に達してリスボン条約を批准した後、イギリス一国の意向でEU加盟国がEU条約の改正に動くとは思えないのである。事実、二〇一五年三月一五日、欧州理事会議長のトゥスクはそれを「不可能な使命」（mission impossible）とけん制している。ともあれEU残留をイギリス国民がどう判断するかを注視する必要がある。保守党が敗北し、下野し、労働党が勝利するとキャメロンがなしたこの公約は意味を失う。

いずれにせよ、キャメロンのイギリスは反ＥＵ的姿勢を強くすることで、大陸のＥＵ統合推進勢力との軋轢《あつれき》を広げている。イギリスがもしＥＵから離脱するとなれば、金融センターから大量の外国銀行の流出が続くと報じられている。ロンドンで金融活動を行う外銀は二五〇社にのぼり、金融活動からの税収は全体の一〇％にも相当するということで、それはイギリスの国益にもかなうものでない。

他方、spitzenkandidaten というＥＵ内で登場した新語がドイツ語であるというように、ＥＵ政治におけるメルケル率いるドイツの指導力がさらに明確になっている。またドイツとともにＥＵを発展させたフランスでは、二〇一七年の大統領選が重要なモメントになる。もし大統領が極右排外主義とされてきた国民戦線から出るとすれば、事態は極めて流動的になるが、まずフランスも、独仏枢軸を離れ、単独で自国経済を運営できるほどの力もない。

加盟国はＥＵの行政府の長の選出という極めて重要なＥＵ統治にかかわる主権的意思の表出において、それまで排他的に享受していた指名権限を加盟国政府の合意の下にＥＵに譲渡し、提案権に後退させ、欧州議会が選出するというように決定権を欧州議会に譲った。

欧州議会からこの過程をみれば、行政府の選出については選挙で大統領を選ぶ米国型でなく、イギリス型の議院内閣制的な手法をもって進むことを意味した。

加盟国の主権的権限のＥＵへの移譲と制限は、ＥＵの行政府の長の選出にまで及んでいる。連邦的政治体は必然的に、軍事、外交、財政などの連邦組織が行う主権的権限の行使と、下部の構成体が行う意思決定の領域とを分離しているが、ＥＵはそれに向かって着実に進みつつある。

ＥＵは本来的に、創設以来一貫して、「欧州連合」という日本語表記を否定するように、国家の連合体を拒否しつつ、「欧州連邦」とも形容すべきガバメントの形成を着実に進めるダイナミックな側面を持っている。

ＥＵは加盟国との関係で、ＥＵの行政府の構成というＥＵ統治の核心部分までにも踏み込み、加盟国の合意を持って、ＥＵの正統性の確保を行ったということである。

イギリスの論調に影響され、ＥＵの中核である独仏の状況には目が向かっていないわが国メディアや一部の評論家の間では、ＥＵの対立の局面が取り上げられ、ＥＵ統合は否定的にみられる傾向がある。だが、国家の主権的権限の合意によるＥＵへの大規模な譲渡という形でのＥＵの統治構造、すなわちガバメントの構築は確実に進んでいる。そのことを我々は忘れてはならない。

それを書いて、この章を終えよう。

資料１　ヨーロッパ統合関係主要政治家一覧			
人名	肩書き	生年	没年
ウッドロウ・ウィルソン	米大統領	1856年12月	1924年2月
アリスティード・ブリアン	仏首相	1862年3月	1932年3月
ウインストン・チャーチル	英首相	1874年11月	1965年1月
コンラート・アデナウアー	独首相	1876年1月	1967年4月
ヨシフ・スターリン	ソ連共産党書記長	1879年12月	1953年3月
フランクリン・ルーズベルト	米大統領	1882年1月	1945年4月
ベニート・ムッソリーニ	伊首相	1883年7月	1945年4月
ハリー・トルーマン	米大統領	1884年5月	1972年12月
ロベール・シューマン	仏首相	1886年6月	1963年9月
シャン・モネ	ECSC最高機関委員長	1888年11月	1979年3月
アドルフ・ヒトラー	独首相	1889年4月	1945年4月
シャルル・ドゴール	仏大統領	1890年11月	1970年11月
リヒャルト・クーデンホーフ＝カレルギー	政治学者・思想家	1894年11月	1972年7月
ヴァルター・ハルシュタイン	初代EEC委員長	1901年11月	1982年3月
アルティエーロ・スピネッリ	欧州議会議員	1907年8月	1986年5月
エドワード・ヒース	英首相	1916年7月	2005年7月
フランソワ・ミッテラン	仏大統領	1916年10月	1996年1月
レオ・チンデマンス	ベルギー首相	1922年4月	2014年12月
ジャック・ドロール	欧州委員長	1925年7月	
マーガレット・サッチャー	英首相	1925年10月	2013年4月
ヴァレリー・ジスカールデスタン	仏大統領	1926年2月	
カール・オットー・ベール	ドイツ連邦銀行総裁	1929年12月	2014年12月
ヘルムート・コール	独首相	1930年4月	
ジャック・シラク	仏大統領	1932年11月	
ロマーノ・プローディ	欧州委員長	1939年8月	
シャン＝クロード・トリシェ	欧州中央銀行総裁	1942年12月	
ゲアハルト・シュレーダー	独首相	1944年4月	
ヘルマン・ファンロンパイ	欧州理事会初代常設議長	1947年10月	
ヨシュカ・フィッシャー	独外相	1948年4月	
アンソニー・ブレア	英首相	1953年5月	
アンゲラ・メルケル	独首相	1954年7月	
ジャン＝クロード・ユンケル	ルクセンブルク首相	1954年12月	
ニコラ・サルコジ	仏大統領	1955年1月	
キャサリン・アシュトン	外交安保政策上級代表	1956年3月	
ジョゼ・バローソ	欧州委員長	1956年3月	
デービッド・キャメロン	英首相	1966年10月	

1958年	1月EEC発足　10月仏第五共和制成立　12月ドゴール大統領就任
1960年	2月フランス核実験に成功
1962年	10月キューバ危機
1965年	6月EECルクセンブルクの危機（仏、理事会離脱）
1966年	1月ルクセンブルクの妥協（仏、理事会復帰）
1966年	ドゴール、NATOの軍事機構からの脱退を宣言（2009年3月サルコジ大統領下で復帰）
1967年	7月3共同体機関間併合条約発効
1973年	1月イギリス、デンマーク、アイルランド、ECに加盟
1975年	12月欧州同盟に関するチンデマンス報告
1979年	5月英でサッチャー政権成立　6月欧州議会第1回直接選挙実施
1981年	5月仏でミッテラン政権成立
1982年	10月西独でコール政権成立
1985年	1月ドロール、EC委員長就任
1987年	4月トルコ、EC加盟申請　7月単一欧州議定書発効
1989年	11月ベルリンの壁崩壊
1990年	10月ドイツ統一　11月英サッチャー首相辞任　12月ローマの欧州理事会、経済通貨同盟（EMU）と政治同盟の2つの政府間会議開催決定
1991年	12月ソ連消滅
1992年	2月EU条約（マーストリヒト条約）調印　6月デンマーク、国民投票で条約批准を否決
1993年	11月EU条約発効によりEU発足
1999年	5月アムステルダム条約発効
2001年	6月アイルランド、国民投票でニース条約批准を否決　12月欧州理事会で欧州の将来検討諮問会議開催決定
2002年	1月ユーロ、現金流通開始　10月アイルランド、第2次国民投票でニース条約可決
2003年	2月ニース条約発効
2004年	5月中東欧など10カ国新規加盟（EU25カ国体制）10月欧州憲法条約調印
2005年	5月－6月フランス、オランダ、欧州憲法条約を国民投票で否決
2007年	1月ルーマニア、ブルガリア加盟（EU27カ国体制）12月リスボン条約調印
2008年	6月アイルランド、国民投票で同条約否決
2009年	10月アイルランド、第2次国民投票で可決　12月リスボン条約発効
2010年	前年10月のギリシャ粉飾暴露からソブリン危機本格化
2011年	1月エストニアユーロ圏入り、ソブリン債危機はユーロ危機に拡大
2012年	9月ユーロ安定化条約批准
2013年	1月ＥＵ加盟国財政条約批准
2014年	1月ラトビアユーロ圏入り、五月欧州議会ＥＵ懐疑派躍進 11月spitzenkandidatでのユンケル欧州委員長誕生
2015年	1月リトアニアユーロ圏入り（19番目）5月英総選挙

資料２　ヨーロッパ統合関連年表	
1870 年	7 月普仏戦争
1871 年	1 月ド表イツ帝国成立
1914 年	7 月第 1 次世界大戦勃発
1917 年	11 月ソビエト政権成立
1918 年	1 月ウイルソン 14 カ条の平和原則を提案　3 月ロシア、ドイツ・オーストリア・トルコ・ブルガリアと講和
1919 年	1 月パリ講和会議　6 月ベルサイユ条約締結
1919 年	1 月ドイツ労働者党結成　ヒドラ―入党（20 年国家社会主義ドイツ労働党と改称）
1920 年	1 月国際連盟成立
1922 年	4 月独ソ間のラパッロ条約成立　10 月ムッソリーニ政権奪取　12 月ソビエト社会主義共和国連邦成立
1923 年	リヒャルト・クーデンホーフ＝カレルギー、『パン・ヨーロッパ』出版
1925 年	12 月ロカルノ条約調印（ドイツを含む集団安保体制）
1926 年	9 月ドイツ、国際連盟に加盟
1933 年	1 月ドイツでナチス、政権奪取
1935 年	1 月ドイツのザール併合　3 月ベルサイユ条約破棄
1936 年	3 月ドイツ、ロカルノ条約を破棄しラインランド進駐
1938 年	3 月ドイツ、オーストリアを併合
1939 年	9 月ドイツ軍、ポーランド侵攻　第 2 次世界大戦勃発
1939 年	8 月独ソ不可侵条約成立
1940 年	6 月ドイツ軍、パリ入城
1941 年	6 月ドイツ軍、ソ連侵攻
1943 年	9 月イタリア降伏
1944 年	6 月連合軍、ノルマンディ上陸　8 月パリ解放、ドゴール帰還
1945 年	2 月ヤルタ会談　5 月ドイツ降伏　10 月国際連合発足
1947 年	3 月米、対ソ基本政策トルーマン・ドクトリン発表
1948 年	3 月 17 日英・仏・ベネルクス 3 国、ブリュッセル条約締結
1948 年	6 月ソ連、ベルリン封鎖開始
1949 年	1 月コメコン成立　4 月北大西洋条約調印（NATO 誕生）ソ連、核実験に成功（原爆保有）
1950 年	5 月シューマン宣言　6 月朝鮮戦争勃発　10 月プレヴァン仏首相、欧州防衛共同体（EDC）を提唱（プレヴァン・プラン）
1951 年	4 月欧州石炭鉄鋼共同体（ECSC）条約調印
1952 年	5 月ＥＤＣ条約調印　7 月 ECSC 条約発効　9 月 ECSC 外相会議、欧州政治共同体（EPC）に向けたルクセンブルク決議
1953 年	3 月 ECSC 特別総会、欧州政治共同体条約（EPC）草案を採択　7 月朝鮮戦争休戦協定
1954 年	3 月ソ連、東独を主権国家として承認　8 月 30 日仏国民議会、EDC 条約批准を否決（EPC 案も消滅）
1955 年	5 月西独、連合国とパリ条約を締結し、主権回復、ワルシャワ条約機構創設
1955 年	6 月 ECSC 外相によるメッシーナ会議　11 月ドイツ連邦軍が誕生
1956 年	スパーク委員会、ヨーロッパ統合に向けての報告書（スパーク報告）提出
1957 年	3 月ローマ条約で欧州経済共同体（EEC）、欧州原子力共同体（ユーラトム／ EAEC）の創設

金丸輝男編著『EC 欧州統合の現在』創元社　1987 年　付録単一欧州議定書邦訳
金丸輝男編著『EU とは何か——欧州同盟の解説と条約』ジェトロ 1994 年
金丸輝男編著『EU——アムステルダム条約』ジェトロ　2000 年
鷲江義勝、山内麻貴子、久門宏子、山本直共著「ニース条約による欧州同盟(EU) 条約および欧州共同体 (EC) 設立条約の改定に関する考察 (一)、(二)」『同志社法学』第 53 巻 2 号 1 ～ 30 頁、第 53 巻 3 号 1 ～ 40 頁、2001 年 7 月、9 月
鷲江義勝編著『リスボン条約による欧州統合の新展開——ＥＵの新基本条約』ミネルヴァ書房　2009 年
中村民雄訳『欧州憲法条約』憲法問題調査会　2004 年
小林勝監訳『欧州憲法条約』御茶の水書房　2005 年
小林勝訳『リスボン条約』御茶の水書房　2009 年

(Winston Churchill, The second World War, Abridged one-volume edition. Cassell & Company. 1959.)

条約と解説および第１次資料
欧州石炭鉄鋼共同体条約
http://en. wikisource. org/wiki/The_Treaty_establishing_the_European_Coal_and_Steel Community_(ECSC)
欧州防衛共同体条約
http://aei. pitt. edu/5201/01/001669_1. pdf
スパーク報告
http://www. unizar. es/euroconstitucion/library/historic% 20documents/Rome/preparation/Spaak% 20report% 20fr. pdf
欧州原子力共同体条約
http://eur-lex. europa. eu/en/treaties/dat/12006A/12006A. htm"http://eut-lex. europa.eu/en/treaties/dat/12006A/12006A.htm
「欧州同盟に関するティンデマンス報告」『福山大学経済学論集』２巻２号 1976年
ブルージュ演説
Address given by Margaret Thatcher (Bruges, 20 September 1988)
http://www.margaretthatcher. org/document/107332
Joakim Parslow, *Turkish Political Parties and the European Union How Turkish MPs Frame the Issue of Adapting to EU Conditionality*. ARENA Report No 7/07
http://www. arena. uio. no/publications/reports/2007/707.pdf
Rchard Corbett, *The Treaty of Maastricht: from Conception to ratification*. Longman Current Affairs, 1993.

Daniel Benjamin ed., *Europe 2030.* (Brookings. 2010.)

伝記、自伝

Gerard Unger, *Aristide Briand, le ferme conciliateur.* (Fayard. 2005.)
Agustín José Menéndez ed., *Altiero Spinelli: From Ventotene to the European Constitution.* ARENA Report No. 1/07 RECON Report No. 1.
コンラート・アデナウアー（佐瀬昌盛訳）『アデナウアー回顧録Ⅱ』河出書房 1968 年（Konrad Adenauer, *Erinnerungen.* 1965.）
Charles Williams, *Adenauer, The Father of Germany.* (Abacus. 2003.)
ジャン・モネ（黒木壽時編訳）『ＥＣメモワール――ジャン・モネの発想』共同通信社 1985 年　抄訳 Jean Monnet, *Memoires.* Fayard. 1976.
シャルル・ドゴール、朝日新聞社外報部『希望の回想〈第 1 部〉再生』朝日新聞社　1971年（Charles de Gaulle, *Memoires d'Espoir, Le renouveau 1958-1962.* Librairie Plon. 1970.）
アンソニー・イーデン（湯浅義正・南井慶二・町野武訳）『イーデン回顧録Ⅰ・Ⅱ』みすず書房　2000 年（*The Memories of Anthony Eden.* HMCO. 1960.）
Raymond Poidevin. *Robert Schuman, Homme d'État 1886-1963.* Imprimerie nationale. Wilfried Loth, et al., *Walter Hallstein: The Forgotten European?* (St. Martin's Press. 1998.)
マーガレット・サッチャー（石塚雅彦訳）『サッチャー回顧録――ダウニング街の日々　下』日本経済新聞社 1993 年（Margaret Thatcher, *The Downing Street Years.* Haper Collins. 1995.）
チャールズ・グラント（伴野文夫訳）『ＥＵを創った男――ドロール時代十年の秘録』日本放送出版協会 1995 年（抄訳）（Charles Grant, *Delors: Inside the House that Jacques built,* Nicholas Brealey. 1994.）
ウィンストン・チャーチル『第 2 次世界大戦　上下』河出書房 1972 年

児玉昌己「リスボン条約批准で近づく『欧州連邦』への道」『週刊エコノミスト』2009年11月10日号
David Cameron to tell voters: no vote on Lisbon Treaty. By James Kirkup. Daily Telegraph. 2 November 2009.
児玉昌己「2014年欧州議会進挙とSpitzenkandidaten――EU政治への衝撃」『海外事情』2014年12月
根岸隆史「EU（1）―2014年欧州議会選挙結果とEUの動向」『立法と調査』2014年8月 No. 355（参議院事務局　企画調整室編集・発行）
根岸隆史「EU（2）―2014年欧州議会選挙結果とEUの展望」『立法と調査』2014年12月 No. 359（参議院事務局　企画調整室編集・発行）

欧文文献

Derek Heater, *The Idea of European Unity*. Leicester University Press. 1992.
Dennis Swann. *The Economics of the Common Market*. 4th ed. 1981.
Daniel Lemer and Raymond Aron ed., *France defeats EDC*. (Frederick a. Praeger. 1957.)
Leslie Friedman Goldstein, *Constituting Federal Sovereignty: The European Union in Comparative Context*. (The Johns Hopkins University. 2001.)
John Pinder, *The European Union: A Very Short Introduction*. (Oxford University Press. 2004.)
Kevin Ruane, *The Rise and Fall of the European Defense Community: Anglo-American Relations and the Crises of European Defense, 1950-55* (Palgrave. 2000.)
Anca Pusca ed., *Rejecting the EU Constitution? From the Constitutional Treaty to the Treaty of Lisbon*. (IDEBATE Press. 2009.)

内田勝敏・清水貞俊『ＥＣ経済をみる目　新版』有斐閣　1991年
岩間陽子『ドイツ再軍備』中央公論　1993年
内田勝敏・清水貞俊『ＥＵ経済論』ミネルヴァ書房　1997年
石山幸彦『ヨーロッパ統合とフランス鉄鋼業』日本経済評社　2009年
加藤雅彦『中欧の復活』日本放送出版協会　1990年
金丸輝男編著『ヨーロッパ統合の政治史』有斐閣　1996年
力久昌幸『イギリスの選択』木鐸社　1996年
田中素香『EMS：欧州通貨制度――欧州通貨統合の焦点』有斐閣　1996年
D・ヘルド、Aマッグルー（中谷義和・柳原克行訳）『グローバル化と反グローバル化』日本経済評論社　2003年（David Held and Anthony McGrew, *Globalization/AntiGlobalization: Beyond the Great Divide. Polity,* 2002.）
田中素香他『欧州中央銀行の金融政策とユーロ』有斐閣　2004年
児玉昌己『欧州議会と欧州統合――EUにおける議会制民主主義の形成と展開』成文堂　2004年
辰巳浅嗣『EUの外交安全保障政策』成文堂　2005年
辰巳浅嗣編著『EU――欧州統合の現在』創元社　2007年
遠藤乾編著『ヨーロッパ統合史』名古屋大学出版会　2008年
竹森俊平『中央銀行は闘う――資本主義を救えるか』日本経済新聞社 2010年

論文、雑誌、新聞

金丸輝男「EECの政策決定過程における多数決方式と『一括処理』方式」『国際統合の研究』日本国際政治学会編　国際政治第77号所収 1984
八十田博人「アルティエーロ・スピネッリ・欧州連邦主義運動の指導者」『日伊文化研究』日伊協会　2003年3月号
八十田博人「イタリアの欧州統合への対応：1992～2001」『ヨーロッパ研究』1号（東京大学）2002年

主な引用・参考文献

和文図書

澤田昭夫『ヨーロッパ論Ⅱ——ヨーロッパとは何か』放送大学　1993年
志邨晃佑『ウィルソン——アメリカと政界の改革』清水書院　1974年
ジャン=クロード・マスクレ（藤木登訳）『ヨーロッパの政治統合』白水社　1981年（Jean Claude Masclet, *L'Union Politique de I'Europe*. PUE. 1978.）
リヒャルト・クーデンホーフ=カレルギー（鹿島守之助訳）『パン・ヨーロッパ』鹿島研究所出版会　1961年（Richard Coudenhove-Kalergi, Pan-Europa. Pan Euro-pa Verlag. 1926.）
アレクサンダー・ワース（内山敏訳）『ドゴール』紀伊國屋書店　1967年（Ale-xander Werth, *De Gaulle*. A political biography. Penguin. 1965.）
黒神聡『1953. 3. 10. 欧州政治共同体』成文堂　1981年
アンソニー・サンプソン（小松直幹訳）『ヨーロッパの解剖　第三の巨人・欧州共同体』サイマル出版会　1972年
J・F・ドゥニョー（野田早苗訳）『改訂版・共同市場』白水社　1978年
ピエール・ペスカトール（大谷良雄・最上敏樹訳）『EC法　ヨーロッパ統合の法構造』有斐閣　1979年
P. S. R. F. マテイセン（山手治之監訳）『EC法入門』有斐閣　1982年
アン・ダルトロップ（金丸輝男監訳）『ヨーロッパ共同体の政治——国家を超える国家を求めて』有斐閣　1984年（An Daltrop, *Politics and the European Community*. 1982. Longman.）
ロジャー・ブロード、R・J・ジャレット（富岡隆夫訳）『欧州共同体案内・改訂版』サイマル出版会　1972年（Roger Broad and R. J. Jarrett, *Community Europe Today*. Oswald Wolff. 1972.）
島田悦子『欧州石炭鉄鋼共同体——EU統合の原点』日本経済評論社　2004年

あとがき

ＥＵ研究者として、イギリスやベルギーでの留学や在外研究を含め、三〇年以上、ＥＵを研究対象としてきた。

戦争の悲劇を基礎に、近代の国民国家を超える目的を持つ統合組織を模索しつつ、苦闘しているその姿は、周囲を海で囲まれて、歴史的体験としてもナショナルなものを強く保持している日本からみると、実に新鮮である。

わが国ではＥＵといえば、「崩壊」とか、「ユーロ壊滅」などと情緒的に評されている。しかし、ＥＵ政治の専門家から見れば、ＥＵの危機は驚くに足らない。欧州統合の政治史では、本書でみたように危機の連続であったのだから。

実際、四〇年前、冷戦下の分断の西ドイツにあってブラント首相は、回顧録（原書Begegnungen und Einsichten『邂逅《かいこう》と洞察』、英語版 *People and Politics: The Years, 1960-75.* 1976）で「ヨーロッパ共同体の歴史は危機の総計であり、危機の中で、そして危機を通した発展の過程である」と述べている。

ヨーロッパ統合という未曽有の挑戦は、少なくとも国民国家が一六四八年のウエストファリア条約で確立してきた価値との相克の中で行われている。その中にあって、国家主権から連邦的主権という国家を超える新たな価値と組織を創造しようというのであるから、ナショナルな勢力の激しい抵抗と摩擦を生じるのは驚くことではない。

ナショナルな価値に立脚した極右や反EU勢力が台頭するという現象自体こそが、国家の主権的権限の合意による大規模な譲渡、国境障壁の除去による欧州統合という連邦的深化の反作用であり、EUの制度形成の過渡期的な性格を物語るものである。

EU統合の影響は巨大であり、EUを観ることなく各国政治と欧州政治を語るのは不可能になっている。制度設計の過渡的性格によるさまざまな不備と欠陥に目を奪われて、その先進性、そして重要性を忘却すべきでない。

EUは多段階統合の形をとりつつ進んでいるが、それはEU崩壊などではおよそない。イギリスはシェンゲン協定にも、ユーロ圏にも参加していない。それゆえEU政治においてはすでにコアの外にある。イギリスを観ていてもEUの方向はわからない。

他方、EUは「ヨーロッパのドイツ」から、「ドイツのヨーロッパ」になるのではないかとの懸念も一部にある。確かに同国の影響力は大きい。とはいえEU条約下で、ドイツが単独で支配できるEUではおよそない。EUを観る際には、加盟国のパワー・ポリッテックスだけでなく、EU条約を含めたEU法にも目配りしていく必要がある。

EUの問題は、あらゆる国際的出来事と同様、過去を引きずっている。それゆえ、歴史をみずには現在も見えないし、将来も見えない。サブタイトルに「EU誕生の成功と苦悩」としたのは、日々成長していく過程であるとの認識に立っている。

ＥＵ政治の舞台での指導者の思想と行動でみてきたように、現地ヨーロッパでは連邦形成を目指して統合組織ＥＵの基礎が形成された。だが、遺憾ながらわが国では、「ヨーロッパ連合」というＥＵの邦語表記に災いされて、国家連合と連邦の組織原理上の相違もほとんど意識されていない。従って、「ヨーロッパ連合」たることを拒否し、「ヨーロッパ合衆国」の形成を遠望したジャン・モネが日本では「ヨーロッパ連合の父」と形容される、笑えない記述に至ることになる。

それもあってか、わが国では、国家主権と連邦的統合の対立、相克という観点で書かれたＥＵ政治の書は、あまり見かけない。明示的に、また無意識に進んでいく「連邦」の形成というキーワードでみれば、なぜ各国で排他的ナショナリズムの動きが顕在化し、ＥＵの危機が起きるのか容易に理解できるのである。小著がＥＵ認識における彼我のギャップを埋めることができればと願っている。

本書は、カルチャーラジオ講座「歴史再発見」のシリーズとして二〇一一年一月から三カ月にわたり、東日本大震災も挟んでＮＨＫラジオ第2で放送された番組のテキストとして書かれた『ＥＵ・ヨーロッパ統合の政治史――その成功と苦悩』をもとにしている。

ラジオ講座のテキストという性格上、放送終了後しばらく絶版となっていた。大学の教科書とすることも意識していたので不便であり、再刊の可能性を探っていた。

今般、芦書房にはＮＨＫとの版権交渉も含めてご尽力いただき、この書の刊行をみた。必要に応じて、データや文章を新にした。特に、第13章を新たに付加し、行政府と議会の関係で、米国型でなくイギリス型の議院内閣制的方向に大きくシフトさせるＥＵの統治構造の変化に関する最新動向を捕捉した。

なお、ＥＵの対ロシア、ウクライナ関係や、さらには対イスラム過激派との関係の分析は今後の重要な課題となるが、当然のことながら、ＥＵの六五年にわたる実践、対処がその基礎になる。まさに、ＥＵを通した欧州統合の歴史は「ネヴァー・エンディング・ストーリー」(never ending story) である。

末尾になったが、書とは、著者と出版社が両輪となって初めてその姿を世に現す。芦書房の佐藤隆光編集部長には、本書の出版ではとりわけご配慮いただいた。ここに深く感謝申し上げたい。

庭の満開の桃の小樹を観つつ

二〇一五年三月吉日

児玉昌己

著者紹介

児玉昌己（こだま・まさみ）

久留米大学法学部教授　法学博士（九州大学）

1952年佐世保市生まれ。同志社大学大学院法学研究科修士課程修了。欧州大学院大学（College of Europe/ベルギー）行政学研究科修了。同志社大学大学院博士後期課程満期退学。長崎純心大学人文学部を経て、現職。欧州大学院大学客員教授、NHKカルチャーラジオ講座講師など務める。

専門は国際統合論、ヨーロッパ地域研究、政治学。

主著は『欧州議会と欧州統合』成文堂、『EU・ヨーロッパ統合の政治史』日本放送出版協会、『EU—欧州統合の現在』（共著）創元社、『ヨーロッパ統合の政治史』（共著）有斐閣ほか多数。日本EU学会理事、国連英検A級。現地EUの学界、官界などに知己を多くもつ。

欧州統合の政治史——EU誕生の成功と苦悩

■発　行——2015年5月15日

■著　者——児玉昌己

■発行者——中山元春

■発行所——株式会社 芦書房　〒101 東京都千代田区神田司町2－5
TEL 03-3293-0556／FAX 03-3293-0557
http://www.ashi.co.jp

■印　刷——モリモト印刷

■製　本——モリモト印刷

ISBN789-4-7556-1278-7　C0031